Frank Hills

Der „Greuel der Verwüstung"
an Heiliger Stätte

© Verlag Anton A. Schmid
Postfach 22; D-87467 Durach
Credo: Pro Fide Catholica
Druck: Eigendruck
Printed in Germany 2005

Alle Rechte bei Autor und Verlag
Auszugsweise Veröffentlichung in Presse, Funk
und Fernsehen nur nach Genehmigung.
ISBN 3 - 938235 - 16 - 0

A.Schmid, Oberstr. 57, 56341 Filsen; keine Korrespondenz- und Bestelladresse

Internet: verlag-anton-schmid.de
Tel/Fax: 0831/21895

Frank Hills

Der
„Greuel der Verwüstung"
an Heiliger Stätte

Pro Fide Catholica

„Die erste, die selbstverständlichste Liebesgabe des Priesters an seine
Umwelt ist der Dienst an der Wahrheit und zwar der ganzen Wahrheit, die Entlarvung und Widerlegung des Irrtums, gleich in welcher
Form, in welcher Verkleidung, in welcher Schminke er einherschrei-
ten mag. Der Verzicht hierauf wäre nicht nur ein Verrat an Gott und
Eurem heiligen Beruf, er wäre auch eine Sünde an der
wahren Wohlfahrt Eures Volkes und Vaterlandes".

Papst Pius XI., Enzyklika „Mit brennender Sorge", 1937

„Der Exkommunikation verfällt, wer seinen Namen einer freimaurerischen Sekte oder einer Vereinigung
ähnlicher Art anheimgibt ..."

Gesetzbuch des Kanonischen Rechts (can. 2335)

„Alles, was die Bischöfe [d.h. die V2-Funktionäre] mit Hilfe eines
katholisch klingenden Vokabulars lehren, ist eine Verdrehung und
Verfälschung der Wirklichkeit unter Prinzipien eines häretischen und
apostatischen ‚neuen Glaubens', in dem kein Wort mehr seinen ursprünglichen Bedeutungsgehalt besitzt. Wer das nicht erkennt,
sollte sich nicht einbilden, Waffen zu besitzen, um ‚alle
feurigen Geschosse des Bösen
auszulöschen' (Eph 6, 16)."

http://prhl.crosswinds.net/index.html

„Am 24. Juli 1958 kennzeichnete Papst Pius XII. vor der 8. Pastora-
len Bildungswoche als ‚die Wurzeln des modernen Glaubensabfalls:
den wissenschaftlichen Atheismus, den dialektischen Materialismus,
den Rationalismus, den Laizismus und die Freimaurerei, die gemeinsame Mutter jener'."

http://www.freimaurer-ilv.ch/info/kirche/01_kath.htm

„ ... damit wir nicht vom Satan überlistet werden;
denn wir kennen seine Ränke gar wohl."

2 Kor 2, 11

„In den letzten rund vierzig Jahren sind im katholischen Bereich eine Fülle von Änderungen angeordnet und auch durchgeführt worden. Sie sind so auffällig, daß sie niemandem verborgen bleiben konnten. Der allergrößte Teil dieser Veränderungen war leider wesentlich und hatte höchst nachteilige Auswirkungen auf den Glauben, die Moral, das sakramentale und überhaupt das ganze religiöse Leben der Gläubigen. Die mit diesen Änderungen verbundenen antikatholischen Absichten erkannten freilich die meisten Gläubigen bis heute noch nicht. Die damit erfolgte **Preisgabe des wahren Kultes und der wahren Lehre führte bis zur Leugnung der Grundlage des ganzen christlichen Glaubens.** Die kirchliche Organisation stellt sich selbst zwar nach außen hin so dar, als wäre sie noch wirklich die katholische Kirche. Ihrem wirklichen religiösen Zustand nach sind jedoch die Ausdrücke Konzilskirche oder konziliare Kirche weitaus zutreffender, da das sogenannte Zweite Vatikanische Konzil Anlaß und Einleitung für die meisten dieser Veränderungen war. **Diese Konzilskirche ist jedoch nicht mehr die katholische Kirche.** Durch die praktische Aufgabe von Glaubenswahrheiten und durch die Duldung, ja **Förderung von Irrlehren und Irrlehrern** ist die zunächst katholische Kirche zur Konzils-‚Kirche‘ und damit **eine weitere nichtkatholische Konfession geworden, wie andere eben auch.**" [1]

„Die bekannte ‚Neue Züricher Zeitung (NZZ)‘ berichtete am 14.9.2003, ‚verirrte konservative katholische Geistliche‘ würden behaupten ‚**der Vatikan, die heilige Mutter Kirche, sei schon von der Freimaurerei unterwandert und befinde sich in der inneren Selbstauflösung.** (...) Der **Papst** selbst sei **ein verkappter Logenbruder**‘. PHI [Anm.: die „Politischen Hintergrundinformationen"] meint, dann sind unsere Redakteure auch ‚verirrt‘. Interessant und erfreulich ist jedoch, daß diese ‚Verirrten‘ offensichtlich schon in so großer Zahl vorhanden sind, daß die NZZ die Vorwürfe nicht mehr totschweigen kann."[2]

---

[1] ATHANASIUS: Der Glaubensabfall in der katholischen Kirche und die Verdrängung des heiligen Meßopfers; http://link-athanasius.de/dokumente/glaubensabfall/glaubensabfall.html

[2] Politische Hintergrundinformationen - Deutschlanddienst, Nr. 50-51 / 2003, S. 373; Herv. v. Verf.

Man sollte bedenken: „Das deutsche Staatsfernsehen bestätigt die sogenannten ‚Verschwörungstheoretiker' und katholischen Fundamentalisten: Bisher wurde es nur in den Büchern von ‚rechtsradikalen' und ‚katholisch-fundamentalistischen' Büchern und Zeitschriften behauptet. Jetzt war es sogar im Fernsehen [auf dem Sender] 3sat zu hören, nämlich, daß der **Vatikan von Freimaurern unterwandert** sei. In dem vom Fernsehen schriftlich verbreiteten Text, wird zwar dann etwas abgewandelt nur von einer ‚**Absplitterung der kriminellen Freimaurerloge P2**' geredet, vielleicht um sich nicht dem Zorn der gesamten Freimaurerei auszusetzen. (Anm.: „Weltweites Aufsehen erregte im Jahre 1981 der sogenannte ‚P-2-Skandal', in Italien, der die 40. Nachkriegsregierung unter Ministerpräsident Forlani zum Sturz brachte: P2 steht als Kürzel für ‚Propaganda 2', eine Geheimloge mit geschätzten 2500 Mitgliedern, mit im Bunde 180 Generäle, 150 Parlamentarier und Parteileute, 50 Industrielle und Bankiers, 10 Journalisten und Chefredakteure, 16 hohe Richter sowie circa 1500 bis heute namentlich nicht bekannte Mitglieder - angeführt von Großmeister Licio Gelli, einem Matratzenhändler und Waffenschieber aus Pistoia." [3])

Anlaß der Fernsehsendung vom 16.6.2003 war der Mord an dem frisch ernannten Kommandeur der Schweizer Garde, Estermann und zwei anderen Soldaten der Schweizer Garde am Vatikan. Die Moderatorin erklärte, es gäbe im Vatikan eine jahrzehntelange Fehde zwischen freimaurerischen Kardinälen und dem Opus Dei. Die **Logen** wären **seit Jahrzehnten [!] die herrschende Clique** gewesen. Jetzt sei Estermann zum Kommandeur der Schweizer Garde ernannt worden. Die Schweizer Garde beim Vatikan muß man als eine Art Sicherheitsdienst verstehen. Ihre Kommandeure haben zwar keinen Einfluß aber einen großen Einblick in alle Vorgänge am Vatikan. Estermann sei aber von ‚Opus Dei' in den Vatikan gekommen. Die Freimaurer hätten ihn ermordet, damit ihre Machenschaften nicht ans Tageslicht kämen. Die zwei anderen Soldaten der Schweizer Garde seien ebenfalls von Freimaurern ermordet worden, weil sie unliebsame Zeugen des Mor-

---

[3] Peter Wendling, Logen, Clubs und Zirkel, S. 29

6

des an Estermann waren. Der Vatikan hat jede Untersuchung verhindert und verschiedene Versionen verbreitet, nach denen die drei Schweizer Gardisten sich gegenseitig umgebracht hätten. Eifersucht sei im Spiel gewesen und außerdem habe der ebenfalls ermordete Gardist Tornay dem Estermann sein Amt nicht gegönnt." [4]

Der große Haß, den die Freimaurerei seit jeher gegen die Kirche Christi hegt, ist kein Geheimnis: „Die Zivilehe nimmt dem Papst und der Kirche die Familie. Der bekenntnisfreie, laizistische Unterricht nimmt ihnen die heranwachsende Generation. Die bürgerlichen Begräbnisse und die Leichenverbrennung [!] werden ihnen noch den letzten Rest und die letzten Ansprüche beim Tode entreißen. So wird der Fortschritt Papst und Kirche bald vernichtet haben", prahlte der italienische Freimaurer Castellazzo im Jahre 1885.

Bereits am 8. Dezember 1869 „forderte der Internationale Kongreß der **Freimaurer** all seine Mitglieder dazu auf, alles in ihrer Macht Stehende zu tun, um **den Katholizismus vom Erdball** zu **vertilgen**. Die **Leichenverbrennung** wurde als angemessene Maßnahme für dieses Ziel vorgeschlagen, da davon ausgegangen wurde, daß diese Praxis nach und nach **den Glauben** der Menschen an ,die Auferstehung des Fleisches und das ewige Leben' **unterminieren** würde." [5]

„,Schon in der Renaissance und Aufklärung gab es einzelne Stimmen für die Leichenverbrennung. In der Französischen Revolution wurde der erste größere - doch erfolglose - Versuch unternommen, **im Kampf gegen den christlichen Auferstehungsglauben die Leichenverbrennung** ... einzuführen. ... **Erst als die Freimaurerei massiv die Leichenverbrennung als Waffe gegen die Kirche unterstützte, gewann sie an Boden**; 1869 beschloß der internationale Freimaurerkongreß in Neapel **als Schlag gegen das Vatikanum die Förderung der Leichenverbrennung. ... Auch von marxistischer Seite fand die Leichenverbrennung Befürwortung.'**

[4] Politische Hintergrundinformationen - Deutschlanddienst, Nr. 25-26 / 2003, S. 179; Herv. v. Verf.
[5] Fr. John Laux, Catholic Morality (Imprimatur 1932), S. 106; zit. nach http://www.novusordowatch.org; Herv. im Orig.

Dieser antikirchliche Zug der modernen Feuerbestattung bestärkte die katholische Kirche in ihrer ablehnenden Haltung der Einäscherung von Leichnamen gegenüber. In ihrem kanonischen Recht (CIC von 1917) schreibt sie die Erdbestattung vor und verwirft die Feuerbestattung (can. 1203 §1). Sie verbietet, einen auf Leichenverbrennung gerichteten Willen zu befolgen, und betrachtet sogar eine entsprechende testamentarische Verfügung als für sie nicht bindend, ja als nicht bestehend (can. 1203 §2). **Wer für sich Feuerbestattung anordnet, kann kein kirchliches Begräbnis erhalten** (can. 1240 §1 n.5)." [6]

„In dem von einem Freimaurer im Jahre 1908 verfaßten Buch ,Ökumenismus' [!] heißt es: ,Das Ziel besteht nicht länger in der Zerstörung der [katholischen] Kirche, sondern eher darin, sie zu gebrauchen, indem sie unterwandert wird.'" [7]

Das könnte der Grund dafür sein, daß die moderne Konzilskirche mit der beständigen Praxis der katholischen Kirche im Hinblick auf die Leichenverbrennung gebrochen hat. „Der erste Schritt erfolgte **1963** durch **Paul VI.**, bei welchem er **die Feuerbestattung unter gewissen Auflagen gestattete.** Fixiert wurde dieser Bruch mit der Tradition im neuen Kirchenrecht von 1983, wo es im can. 1176 §3 heißt: ,Nachdrücklich empfiehlt die Kirche, daß die fromme Gewohnheit beibehalten wird, den Leichnam Verstorbener zu beerdigen; sie verbietet indessen die Feuerbestattung nicht, es sei denn, sie ist aus Gründen gewählt worden, die der christlichen Glaubenslehre widersprechen.'

Zunächst ist zu bemängeln, daß die ausschließliche Beerdigungspraxis der Kirche lediglich als ,fromme Gewohnheit' umschrieben wird. Dann ist darauf hinzuweisen, daß die Feuerbestattung, da sie den Schöpfer mißachtet und im eindeutigen Widerspruch zum Auferstehungsglauben der Kirche steht, immer (!) der christlichen Glaubenslehre widerstreitet, auch wenn nicht unbedingt jedem unserer Zeitgenossen der antichristliche und -kirchliche Charakter der Leichenverbrennung bekannt und bewußt sein sollte. Mit einem listigen Trick ver-

---

[6] Sind Feuerbestattungen erlaubt?, P. Eugen Rissling; http://www.arbeitskreis-katholischer-glaube.de; Herv. v. Verf.

[7] http://www.trosch.org/in-leu-o.htm

hilft man einer Beerdigungspraxis zum Sieg, die als solche nie und nimmer in Einklang mit dem Glauben der Kirche an die Auferstehung von den Toten gebracht werden kann, der seinerseits in den Worten Jesu Christi seine Begründung findet: ‚Es kommt die Stunde, da alle in den Gräbern Seine Stimme hören werden. Dann werden die, die das Gute getan haben, zur Auferstehung für das Leben herauskommen, die das Böse verübt haben, zur Auferstehung für das Gericht' (Joh 5, 28f)!" [8]

Bella Dodd, eine ehemalige Kommunistin, die zum Ende ihres Lebens zum katholischen Glauben konvertierte, gestand offen ein: „In den 1930er Jahren schleusten wir 1100 Männer in die Geistlichkeit ein, um auf diese Weise die katholische Kirche aus dem Innersten [!] heraus zu zerstören." [9]

Und bereits 1782 schrieb Joseph de Maistre, Großredner der Freimaurer-Loge La Sincérité in Chambéry, in seiner „Denkschrift an Herzog Ferdinand": „Es bedarf einer Organisation, um das Einigungswerk zu vollbringen. **Dieses große Vorhaben kann nur im Verborgenen beginnen. Ausschüsse müssen eingerichtet werden, die sich vor allem aus in die Freimaurerei aufgenommenen und eingeweihten Geistlichen [!] der verschiedenen Glaubensgemeinschaften zusammensetzen.** Wir werden langsam, aber sicher arbeiten." [10]

Es besteht also kein Zweifel, daß sich die katholische Kirche im Laufe ihrer Geschichte immer wieder mit mächtigen Feinden herumschlagen mußte - allen voran die Freimaurerei -, die alles versuchten, sie zu unterwandern, um dadurch **aus dem Innersten heraus** eine „stille Revolution" durchzuführen!

Grundsätzlich muß man wissen, daß es aus christlicher Sicht seit dem Sündenfall eine Zweiteilung zwischen jenen Menschen gibt, „die Gott als ihren persönlichen Erlöser und Herrn sehen, und jenen, die sich selbst erlösen und selbst beherrschen wollen. Jeder Mensch muß sich in seinem Leben für den einen oder den anderen Weg entscheiden.

Der ursprünglich von Gott vorgesehene Zustand war die Gemeinschaft von Gott und Mensch. In diese Harmonie drang

---

[8] Sind Feuerbestattungen erlaubt?, P. Eugen Rissling; http://www.arbeitskreis-katholischer-glaube.de; Herv. v. Verf.

[9] zit. nach http://www.trosch.org/in-leu-o.htm

[10] zit. nach Glaubensnachrichten, Oktober 2004; Herv. v. Verf.

Satan mit seiner Verführung ein und initiierte eine Religiosität, welche mit Begriffen arbeitet, die Adam und Eva kannten, aber von ihm neu gefüllt wurden. In der Religiosität Satans ist nicht mehr Gott als Bezugspunkt im Vordergrund, sondern der Mensch, der sich über eigene Bemühungen auf dem Weg zu einer dunkel umrissenen Göttlichkeit befindet.

Der Teufel offenbart sich als listige, intelligente Schlange, als vermeintlicher Wohltäter der Menschen. An verschiedenen Stellen der Bibel zeigt sich aber deutlich, daß er mit seinem Vorgehen nicht nur den Herrschaftsanspruch Gottes in Frage stellen will, sondern daß er auch dessen Geschöpfe, die Menschen, die Gottes Herrlichkeit zum Ausdruck bringen, ins Elend zu führen sucht. ... **Die Mittel Satans sind Vorspiegelung falscher Tatsachen, Verführung, Lüge, Manipulation, Drohung und Ausübung von roher Gewalt.**

Bereits die Verführung von Adam und Eva war zutiefst grausam. Sie wurden aus der Harmonie Gottes erbarmungslos ins Elend gestürzt.

Die vom Teufel so vorteilhaft geschilderte Selbstverwirklichung führt den Menschen auf einen Irrweg, der zuerst verlockend Erlösung und lustvolle Horizonterweiterung verheißt, in Wirklichkeit aber unendlich lang in die Wüste und **letztlich in den Tod führt.**

Deshalb ist auch **die Freimaurerei im Innersten unchristlich.** Sie sucht nicht die lebendige Gemeinschaft mit Gott durch seinen Sohn Jesus Christus, sondern **sie sucht die ,christliche' Religiosität, in der der Mensch und das Diesseits absolut im Vordergrund stehen.**" [11] Die Freimaurerei zelebriert den Menschen als Mittelpunkt der Welt und führte zu diesem Zweck fadenscheinige Begriffe wie „Toleranz", „Brüderlichkeit" und „Menschenrechte" ein.

All das steht jedoch in eklatantem Widerspruch zu den Geboten der Hl. Schrift: „Machet euch nicht die Art dieser Welt zu eigen, sondern wandelt euch um durch Erneuerung eures Denkens, um zu prüfen, was der Wille Gottes ist, was gut, wohlgefällig und vollkommen" (Röm 12, 2).

---

[11] Erich Brüning / Harry Graf, Freimaurerei - Wolf im Schafspelz, S. 343f; Herv. v. Verf.

„Liebet nicht die Welt und nicht, was in der Welt ist! Liebt einer die Welt, ist die Liebe des Vaters nicht in ihm" (1 Joh 2, 15). „Haltet euch fern von jeder Art des Bösen!" (1 Thess 5, 22).

Über das eigentliche Wesen der wahren Gläubigen sagte unser Herr und Erlöser: „Sie sind nicht aus der Welt, so wie auch ich nicht aus der Welt bin" (Joh 17, 16). „Wäret ihr von der Welt, würde die Welt das Ihrige lieben; weil ihr aber nicht von der Welt seid, sondern ich euch auserwählt habe, darum haßt euch die Welt" (Joh 15, 19).

„Niemand kann zwei Herren dienen; denn entweder wird er den einen hassen und den anderen lieben; oder er wird sich dem einen zuneigen und den andern verachten. Ihr könnt nicht Gott dienen und dem Mammon" (Mt 6, 24). „Was unter die Dornen fiel, das sind jene, die wohl hören, aber dann hingehen und von den Sorgen, dem Reichtum und den Genüssen des Lebens erstickt werden und nicht zur Reife kommen" (Lk 8, 14).

Jedenfalls existiert schon seit langem eine regelrechte Art von Subkultur, die unterschwellig die großen Massen beeinflussen und ihnen das tödliche Gift des säkularen Humanismus einimpfen will. „Über Gnostizismus, Neuplatonismus, Pantheismus, Mystizismus, Theosophie, Pansophie, Alchemie, Okkultismus, Esoterik usw. ist es Satan gelungen, in der Christenheit einen **unheiligen, gegen Gott gerichteten Umsturz der Werte auf breitester Front** herbeizuführen. Der Teufel ist oft als Engel des Lichts oder als Wolf im Schafspelz in dieser oder jener Form erschienen und hat die widergöttlichen Prinzipien erfolgreich propagiert.

Die biblischen Begriffe von Glaube, Liebe, Heiligung wurden zu einer diabolischen Selbstverwirklichung uminterpretiert. Das Resultat ist die Zerstörung des eigentlichen christlichen Glaubens, der auf Gnade und Sühne in Christus beruht.

Die Freimaurerei ist ein klassisches Beispiel für dieses Vorgehen Satans. Oft stimmen die wahren Ziele der Maurerei nicht mit den vorgegebenen überein. **Viele Freimaurer geben**

Links: Viele Leute halten US-Präsident George W. Bush für einen „wiedergeborenen Christen", obwohl er durch den von ihm geführten Afghanistan- und Irak-Krieg nicht nur die Gebote Gottes („Du sollst nicht töten", „Du sollst gegen deinen Nächsten kein falsches Zeugnis abgeben" [Anm.: unter anderem beschuldigte er den Irak fälschlicherweise des Besitzes von Massenvernichtungswaffen!]) brach, sondern auch eine entscheidende Forderung unseres Herrn und Erlösers mißachtete: „Ein neues Gebot gebe ich euch, daß ihr einander liebet; wie ich euch geliebt habe, so sollt auch ihr einander lieben. Daran werden alle erkennen, daß ihr meine Jünger seid, wenn ihr Liebe habt untereinander" (Joh 13, 34f). Bush aber liebt nicht seine Nächsten, sondern läßt tagtäglich wehrlose Frauen und Kinder niedermetzeln (das rechte Photo vom März 2003 zeigt einen Iraker, der ein durch US-Bomben verletztes Kind in einem Ort bei Basra auf den Armen trägt).

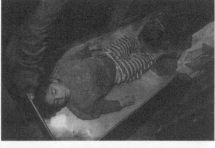

Der Freimaurer Bush versteht es gut, sich mit der Maske eines Gottesfürchtigen zu schmücken, während er das exakte Gegenteil dessen verkörpert, was einen wahren Christen ausmachen sollte: „Bleibt niemand etwas schuldig, außer dem, daß ihr einander liebt; denn wer den Nächsten liebt, hat das Gesetz erfüllt" (Röm 13, 8). Rechts: Dieses kleine irakische Mädchen wurde am 28. März 2003 auf einem Markt in Bagdad von amerikanischen Soldaten ermordet.

(Quellenhinweise: Oben rechts: Abendzeitung, 24.3.03; Unten links: Der Spiegel, 17.3.03, S.67; Unten rechts: http://www.freespeech.org/americanstateterrorism/iraqgenocide/baghdadmassacres.html)

12

George W. Bush ist ebensowenig Christ wie Johannes Paul II., die hier bei-
de an der Klagemauer in Jerusalem - wohlgemerkt dem bedeutendsten Hei-
ligtum des talmudgläubigen Judentums, das Jesus Christus von ganzem
Herzen haßt! - zu sehen sind. Wie einige seiner (geheimen) Glaubensgenos-
sen steckte der Anti-Papst bei seinem Besuch im März 2000 sogar einen
Zettel in eine Ritze der Klagemauer.

An der etwa
400 Meter lan-
gen und 18
Meter hohen
Klagemauer
beten orthodo-
xe Juden unter
anderem für
das Kommen
ihres (!) Messi-
as. Dieses Bau-
werk stellt für
sie ein Symbol
für den Rest
von Gottes
(angeblich!)
ungebroche-
nem Bund mit
dem jüdischen Volk dar, obwohl es im Alten Testament in Jeremias 31 aus-
drücklich heißt, daß Gott einen Neuen Bund mit Seinem Volk schließen
wollte. Die nachchristlichen Juden können aber nicht Gottes Volk sein, denn
wer den „Sohn nicht ehrt, der ehrt auch nicht den Vater, der ihn gesandt
hat" (Joh 5, 22)!

(Quellenhinweise: Oben links: http://www.texemarrs.com/082004/eagle_and_serpent.htm; Oben
rechts: http://www.texemarrs.com/042002/heavens_fury.htm; Unten: Der Spiegel, 18.9.2000,
S.206)

13

sich ein christliches Gewand, während sie gleichzeitig das wahre Christentum zerstören." [12]

Bestes Beispiel dafür ist der am 2. November 2004 wiedergewählte US-Präsident George W. Bush, der sich gerne mit der Maske eines „wiedergeborenen Christen" schmückt. „**Bush hatte im Mai 2002** den Geräuschemacher **Ozzy Osbourne zum Essen eingeladen.** Dieser ist ein **führender Veranstalter von Heavy-Metal**-Krach, in den USA auch als ‚**Satanic Rock'** bezeichnet. Die Texte zu dieser Musik rufen ständig zu Haß, Rache und Gewalt auf. Seine ‚**Band' wurde von** der ‚**Church of Satan' gefördert.** Ozzy **Osbourne bezeichnet sich** auch **als Luzifers Liebling.** Seine Langspielplatte ‚No Rest for the Wicked' enthält eine **Hymne ‚Blutbad im Paradies',** und in einer anderen Langspielplatte singt er den Satanisten Aleister Crowley an. Osbourne erklärte, er fühle sich als Medium einer fremden Macht. Zweifel an Bushs Frömmigkeit haben auch die Pro-Life-Organisationen in den USA, denen Bush bei Amtsantritt versprochen hatte, die Abtreibung einzuschränken und schließlich ganz zu verbieten. Die ‚Los Angeles Times' berichtete, Bush habe sich und seine Regierung beim Amtsantritt ‚feierlich unter die heilige Dreifaltigkeit Gottes' gestellt. Es sah alles wie eine Bekehrung aus. Doch **Bush hat sich nie von dem Freimaurer-Orden ‚Skull and Crossed Bones' getrennt.** Sein Kreuzzug gegen die Baby-Mörder wurde bald gestoppt, und er fing einen Kreuzzug für Öl an." [13]

Der US-amerikanische Enthüllungsautor John Daniel[14] bestätigt, daß ein Freimaurer kein Christ sein kann: „**Eindeutig ist ein Freimaurer in der Politik, besonders ein Hochgradfreimaurer, anti-christlich, gegen Christus, anti-kirchlich, gegen die Familie, anti-national und für eine Weltregierung eingestellt.** Das sind die Überzeugungen, für die er stimmen wird. Kurz gefaßt, mit jeder Stimme ist der Freimaurer ein Revolutionär, der unsere christliche Nation unterminiert. **Ist es dann noch ein Geheimnis, warum sich das**

---

[12]   ebd. S. 350f; Herv. v. Verf.

[13]   Bericht der "Los Angeles Times"; zit. nach Politische Hintergrundinformationen - Deutschlanddienst, Nr. 50-51 / 2003, S. 373; Herv. v. Verf.

[14]   John Daniel, Scarlet and the Beast - Volume II, S. 75ff; Herv. v. Verf.

14

Christentum heutzutage in Amerika [Anm.: und selbstverständlich auch in Europa, wo die Loge ebenfalls alle maßgeblichen Politiker stellt!] einem zunehmenden Angriff ausgesetzt sieht, und warum Homosexuelle solch gewaltige Fortschritte in ihrem Bestreben nach ‚homosexuellen Rechten' machen? ... Hat sich die Freimaurerei über die Jahre hinweg verändert? Überhaupt nicht. Die ‚liberalen' Gesetze, die im Kongreß und Senat verabschiedet werden, bestätigen, daß **freimaurerische Gedanken** unser nationales Leben und unsere politischen Maßnahmen immer noch dominieren. Der **Verfall unserer nationalen Sitten** in den letzten 50 Jahren bestätigt das gleiche. Als sich 1957 beispielsweise sieben Freimaurer am Obersten Gerichtshof befanden, wurde die **Pornographie unter dem Paragraph der ‚freien Meinungsäußerung' legalisiert**. 1962 und 1963, als sechs Freimaurer den Richterstuhl innehatten, wurden **Bibel-Lesestunden und Schulgebete verboten**. Im Jahre 1966 entschied der Oberste Gerichtshof gegen die Entlassung derjenigen Mitglieder der kommunistischen Partei, die unsere Regierung unterwandert hatten. Sechs Richter waren Freimaurer."

„In seiner **Enzyklika Humanum genus**, mit der er die Freimaurerei verdammte, bestätigt der unsterbliche **Papst Leo XIII.**: ‚Neben dem Reich Gottes auf Erden, der wahren Kirche Christi, gibt es noch ein anderes Reich, das des Satans, unter dessen Herrschaft alle jene stehen, die dem ewigen göttlichen Gesetz den Gehorsam verweigern, die über Gott hinweggehen oder gegen ihn etwas unternehmen. ... In unseren Tagen scheinen alle diejenigen, die dieser zweiten Fahne folgen, miteinander verschworen zu sein zu einem überaus erbitterten Kampf unter der Leitung und Hilfe des **Bundes der sogenannten Freimaurer**. Ohne ihre Pläne zu verheimlichen, stacheln sie gegen die Majestät Gottes auf. **Offen und unverhohlen arbeiten sie daran, die heilige Kirche zu vernichten, und zwar in der Absicht, die christlichen Völker aller jener Güter völlig zu berauben, die ihnen durch unseren Heiland Jesus Christus zuteil geworden sind.**' [Anm.: Vor allem handelt es sich hierbei um das hl. Meßopfer, wie wir noch sehen werden!]

Der Papst fährt fort: ‚Es gibt eine Reihe von Sekten, die voneinander nach Namen, Gebräuchen, Form und Herkunft verschieden sind, aber durch die Gleichheit ihrer Ziele und die Ähnlichkeit ihrer Grundsätze miteinander und mit dem Bund der Freimaurer in engem Zusammenhang stehen; dieser ist gleichsam das Zentrum, von dem alle ausgehen und zu dem alle zurückkehren.'

‚Das letzte und hauptsächliche Ziel ihrer Pläne ist unverkennbar: die gesamte vom Christentum geschaffene religiöse und bürgerliche Ordnung zu stürzen und nach ihrem Plan durch eine andere zu ersetzen, deren Grundlagen und Gesetze auf dem Naturalismus beruhen ... Darin sollen die menschliche Natur und die menschliche Vernunft in allem die höchsten Lehrer und Herrscher sein.'

Danach zeigt der Papst einige der freimaurerischen Bestrebungen auf: **Sie leugnen jede göttliche Offenbarung, bekämpfen mit blinder Wut die katholische Kirche**, deren Pflicht es ist, die ungetrübte Reinheit des göttlichen Offenbarungsschatzes zu bewachen und zu verteidigen; sie betreiben die Trennung von Kirche und Staat, fördern den religiösen Indifferentismus, behaupten die Gleichheit aller Kultur, berauben die Kirche ihrer Freiheit; sie **begünstigen eine rein laizistische Erziehung unter Ausschluß jeder religiösen Idee, zivile Eheschließung, Ehescheidung und den Atheismus des Staates.**

Bei der 4. Interamerikanischen Freimaurerkonferenz 1958 in Santiago de Chile wurde verkündet, daß ‚der Orden seinen Adepten Hilfe leistet, damit sie in der Öffentlichkeit ihrer Nationen oberste Stellungen erringen'. Das Thema hieß ‚Verteidigung des Laizismus', und die entwickelte neue Taktik traf sich mit den jüngsten Parolen des internationalen Kommunismus. Die Freimaurer sollen den Laizismus in allen Bereichen vorantreiben - die Kommunisten sollen die soziale Ordnung untergraben. Als Parole wurde ausgegeben: ‚Auf dem Weg über alle beeinflußten politischen Parteien ist die laizistische Kampagne zu verstärken. Es muß versucht werden, die Warnrufe der katholischen Kirche zu besänftigen, indem wir direkte freimaurerische Aktionen vermeiden. Die Aktionen zur Spaltung der Arbeiterbewegung sind zu vermehren, um dann deren

Überrumpelung voranzutreiben. **Freimaurerei und Kommunismus verfolgen** gegenwärtig in Lateinamerika **die gleichen Ziele**; deshalb ist auf gleichlaufende Aktionen zu achten, wobei das Bündnis öffentlich nicht in Erscheinung tritt.' ... **Marxismus und Freimaurerei haben das gemeinsame Ideal der irdischen Glückseligkeit.** Ein Freimaurer kann die philosophischen Ideen des Marxismus ohne Abstriche annehmen. Wie der Großmeister der Loge von Paris bestätigt, ist **zwischen den Prinzipien des Marxismus und der Freimaurerei kein Widerspruch** denkbar.

Um ihre Ziele zu erreichen, bedient sich die Freimaurerei der Hochfinanz, der hohen Politik und der Weltpresse, während der Kommunismus im sozialen und wirtschaftlichen Bereich eine **Revolution gegen Vaterland, Familie, Eigentum, Moral und Religion** vorantreibt. Die Freimaurer betreiben ihre Ziele mit geheimen subversiven Mitteln, die Kommunisten mit offenen. Die Freimaurerei bewegt die sektiererischen politischen Minderheiten - der Kommunismus stützt sich auf eine Politik der Massen, indem er die Sehnsucht nach sozialer Gerechtigkeit ausbeutet." [15]

(Anm.: „Der Laizismus [von *Laie* im Sinn von Nicht-Geistlicher] bezeichnet eine im 19. Jahrhundert entstandene Bewegung, um die Geistlichkeit von allen nicht unmittelbar kirchlichen Angelegenheiten auszuschließen. Laizismus sieht die Regierung in einer neutralen Position bezüglich der Religion ihrer Bürger, ohne deshalb Religion an und für sich abzulehnen oder einzuschränken. ... Die Existenz oder Nichtexistenz jedweder Gottheit und die Gläubigen und kirchlichen Würdenträger jedweder Religion dürfen keinen Einfluß auf politische Entscheidungen, die Gesetzgebung und die Rechtsprechung haben. ... Beispiele für laizistische Staaten sind - mehr oder weniger ausgeprägt - die westlichen Demokratien ... Laizismus ist eine Grundforderung von Liberalismus, Demokratie und Religionsfreiheit. Der Ausdruck wird oft auch in erweitertem Sinn verwendet für

---

[15] Verlautbarungen der katholischen Kirche zur Freimaurerei - Erklärung der argentinischen Bischöfe vom 20. Februar 1959; http://www.freimaurer-ilv.ch/info/kirche/01_kath.htm; Herv. v. Verf.

17

tem Sinn verwendet für Säkularismus, das Zurückdrängen von Religion und Kirche im öffentlichen Leben." [16]

In „Notre Charge Apostolique" (Nr. 36) über den „Sillon", 25. August 1910, erteilte der hl. Papst Pius X. dem Laizismus indes eine entschiedene Absage: „ ... es gibt keine wahre Zivilisation ohne eine moralische Zivilisation, und keine wahre moralische Zivilisation ohne die wahre Religion; das ist eine erwiesene Wahrheit, eine historische Tatsache." [17] Wie recht er hatte, sehen wir am traurigen Zustand unserer Gesellschaft!)

Jeder Mensch sollte wissen, „daß Katholizismus und Freimaurerei Dinge sind, die sich absolut widersprechen und ausschließen. So wie Christus und Antichrist. Jeder soll auch wissen, daß Liberalismus und Laizismus in allen ihren Formen die ideologischen Ausprägungen der Freimaurerei darstellen. Es tut nicht viel zur Sache, daß viele Liberale keine Freimaurer sind: es gibt bewußte Instrumente und blinde Instrumente. Entscheidend ist, daß der Sache nach die einen wie die anderen zusammenhelfen, um die Kirche Christi und die katholische Ordnung unserer Republik zu zerstören.

Was die Freimaurer in ihrer Tätigkeit antreibt, ist letztlich der Haß gegen Christus und gegen alles, was in den menschlichen Seelen und den menschlichen Einrichtungen seinen Namen trägt. Ihr endgültiges Ziel ist die Zerstörung alles Katholischen und alles dessen, was sich an der katholischen Lehre ausrichtet", so die Erklärung der argentinischen Bischöfe vom 20. Februar 1959. [18]

Kein Wunder also, daß überall dort, wo die Freimaurerei alle maßgeblichen Politiker/-innen stellt, man auf den gleichen antichristlichen Codex trifft. So verabschiedete die spanische Regierung Anfang Oktober 2004 einen Gesetzentwurf zur Einführung homosexueller Ehen. „Gleichgeschlechtliche Paare sollen danach die gleichen Rechte und Pflichten wie heterosexuelle Ehen erhalten und Kinder adoptieren [!] dürfen. ‚Heute ist ein großer Tag für die Millionen Menschen, die wegen ihrer sexuellen Orientierung bislang diskriminiert wor-

---

[16]   http://de.wikipedia.org/wiki/Laizismus

[17]   zit. nach http://www.mostholyfamilymonastery.com/quotations.html

[18]   Verlautbarungen der katholischen Kirche zur Freimaurerei; http://www.freimaurer-ilv.ch/info/kirche/01_kath.htm; Herv. v. Verf.

den sind', sagte Vize-Regierungschefin María Teresa Fernández de la Vega."[19] Unter dem Vorwand, gegen die „Diskriminierung" von Schwulen und Lesben vorgehen zu wollen, wird heute in vielen Staaten die Familie zerstört!

Wie ist es also angesichts all dessen zu erklären, daß ausgerechnet (!) die vermeintlich katholische Kirche ein inniges Verhältnis zu freimaurerischen Organisationen aufweist? Hierzu ein Beispiel: „Anläßlich eines Treffens des Lions-Club Österreich beim Hemmaberg hat **Diözesanbischof Dr. Alois Schwarz den Lions dafür gedankt, daß es diese ihre Gemeinschaft gibt** und daß sie ein helfendes und dienendes Herz hätten. Die **Lions-Clubs sind eine Vorfeldorganisation der Freimaurerei. Mindestens zwei Drittel der Vorstandsmitglieder der regionalen Clubs und mindestens 25 % aller Mitglieder sind zugleich Freimaurer.** Die humanitäre Tätigkeit ist ein reiner Nebenaspekt des Wirkens der Lions und dient lediglich der Image-Pflege", so die „Politischen Hintergrundinformationen" im Herbst 2002.[20]

Daß die Mitglieder der okkulten Logen in der Weltpolitik eine kaum zu überschätzende Rolle spielen, steht außer Frage. So entstammen etwa der französische Präsident und sein Umfeld dem Geheimbund der Freimaurer. Chirac führte 1975 die **freimaurerischen Abtreibungsgesetze** ein. Er wurde Anfang Mai 2002 mit großer Mehrheit - über 80 Prozent der Stimmen - wieder gewählt. „Sein neuer **Kulturminister, Jean-Jaques Aillargon unterstützt die Homo-Ehe und ist selbst Homosexueller.** Er ist selbst aber auch Freimaurer, was aus seinen öffentlich bekannt gewordenen Reden hervorgeht. So beispielsweise aus seiner Rede vom 15.12.1999 vor der Loge ‚Die aufrichtige Freundschaft' und aus seiner Rede vom 24.4.2001 vor der Loge ‚Der Morgen'. **Chiracs neuer Minister für Gesundheit und Familie, Jean-Francois Mattei, nennt sich zwar Katholik, ist jedoch ebenfalls Freimaurer. Er leitete das ‚Zentrum für Pränataldiagnose', wo Abtreibungen durchgeführt werden.** Seine Mitgliedschaft bei den Freimaurern geht aus einer Rede hervor, die er im März 1995

---

[19]   Fuldaer Zeitung, 2.10.04

[20]   Politische Hintergrundinformationen - Deutschlanddienst, Nr. 40-41 / 2002, S. 311; Herv. v. Verf.; Herv. v. Verf.

in Marseille vor der ‚Großen Frauenloge von Frankreich' hielt."[21]

Angesichts des innigen Verhältnisses der Konzilskirche zur antichristlichen Freimaurerei überrascht es nicht, daß diese Institution seit langem von allerlei Skandalen erschüttert wird. So bestätigte sich schon vor Jahren der Verdacht einer **homosexuellen Subkultur unter US-amerikanischen Priestern:** „Nachdem eine solche zunächst in dem Buch ‚Goodbye Good Men' von Michael S. Rose dargestellt wurde, fand diese Behauptung in einer Expertise der ‚Catholic University of America' eine Bestätigung, die im Auftrag der ‚National Federation of Priests' durchgeführt wurde. Tendenziell zeigt die Studie aber auch, daß diese **homosexuelle Subkultur nach dem II. Vatikanischen Konzil** aufkam, aber unter jüngeren Priestern zurückgegangen ist. Rein biologisch hätte man genau das Gegenteil erwartet."[22]

Wie den „Politischen Hintergrundinformationen"[23] zu entnehmen ist, sah sich die Konzilssekte in England angesichts dessen vor einigen Jahren sogar dazu gezwungen, den gläsernen Beichtstuhl einzuführen: „Wegen der **zahlreichen sexuellen Übergriffe von Priestern an Frauen und Kindern in Beichtstühlen,** führt die katholische Kirche in **England** jetzt **gläserne Beichtstühle** ein. Da diese absolut schalldicht sein müssen, kosten sie 1600 Euro."

Man beachte: **Die „Pädophilie-Verbrechen sind weder auf Europa (oder gar nur auf Deutschland) beschränkt noch sind sie in vermeintlich ‚katholischen' Staaten wie Irland ausgeschlossen.** Wenn also der Ausdruck ‚Kinderschänder-Kirche' die Runde macht, so darf man dieses Urteil nicht künstlich auf Deutschland einschränken, selbst wenn die deutschen Zeitungen vornehmlich über die Verhaftungen und Verurteilungen deutscher V2-‚Priester' [Anm.: „Priester" der Sekte des Zweiten Vatikanischen Konzils!] berichten.

Auch wenn immer mal wieder neue Verbrechen dieser Art aufgedeckt werden, bleibt dennoch der Drang der V2-Sekte zu beklagen, ‚interne' Regelungen zu suchen, d.h. die Verbre-

---

[21] ebd. Nr. 36-37 / 2002, S. 279; Herv. v. Verf.

[22] ebd. Auslandsdienst, Nr. A22 - A23 / 2002, S. A181; Herv. v. Verf.

[23] ebd. Deutschlanddienst, Nr. 36-37 / 2002, S. 278; Herv. v. Verf.

chen ihrer Funktionäre nicht publik zu machen (daher seitens der Opfer der Vorwurf ‚Geheimniskrämerei'). Das überrascht den Ahnungslosen insofern, als die V2-Sekte ja nicht müde wird, von den ‚Verbrechen' der ‚vorkonziliaren' Kirche unentwegt mit ‚Vergebungsbitten' zu schwärmen, wobei bereitwilligst die ärgste Geschichtsfälschung betrieben wird. ... , damit die wahre Kirche nur noch um so schlechter dasteht. Warum denn eifrig die wahre, die ‚vorkonziliare' Kirche immer nur lustvoll mit Schmutz bewerfen, statt sich den **aktuellen und** vor allem **realen Verbrechen des Vereins, der unter ‚römisch-katholischer Kirche e.V.' firmiert,** zu stellen, also dort etwas tun, wo etwas getan werden kann und muß? Warum in alle Ewigkeit von ‚Zwangsarbeiter-Ausbeutung' phantasieren, aber die realen schlimmsten Verbrechen in Windeseile verjähren lassen? Wer das Wesen der V2-Sekte erkannt hat, wird sich über diese scheinbare Zwiespältigkeit der V2-Sekte nicht wundern.

Außerdem: Wir haben schon mehrfach dargelegt, wie rigoros die V2-Sekte bei der Auswahl ihrer Nachwuchsschauspieler vorgeht. **Nur die in schlimmster Weise Verirrten werden zu V2-‚Priestern' geweiht, ein normaler Mensch würde wohl auch kaum so eine Weihesimulation über sich ergehen lassen.** Durch unsere Erfahrungen aus diversen V2-Seminaren wissen wir, wes Geistes Kind die V2-‚Priester' sind bzw. wes Geistes Kind die V2-Kandidaten sein müssen, um an eine Weihesimulation zu kommen. Dabei müssen wir gestehen, daß wir noch nicht einmal in die höchsten Kreise vorgedrungen sind. **Unter V2-‚Priestern' und V2-Kandidaten floriert, wie uns von verschiedenen Seiten mitgeteilt und was auch in öffentlichen Meldungen bestätigt wurde, sodomitisches Treiben.** ...

Was von den Seminar-Startern übrig bleibt, ist die Gruppe der Hardcore-Hedonisten: Die V2-Funktionäre wollen den ‚Kick', es sind Leute, die - wie es in ihrem Brevier zu entnehmen ist - unter ‚gewissen psychologischen Schwierigkeiten' leiden, für die die Hölle nur noch eine ‚reale Möglichkeit' ist und bei denen das Sündenbewußtsein, gut sichtbar an der **in der V2-Sekte praktisch ausgestorbenen Beichtpraxis,** aber auch an

Anti-Papst Paul VI. „reformierte" unter anderem die Kongregation für die Glaubenslehre, wandelte das hl. Meßopfer in ein protestantisches Abendmahl um und „erneuerte" die Riten aller (!) sieben Sakramente, wozu er aber überhaupt kein Recht hatte! In Wahrheit handelte es sich bei ihm auch nicht um einen Katholiken, sondern um einen satanischen Unterwanderer insgeheim jüdischer Abstammung, der es sich zum Ziel gesetzt hatte, die Kirche Christi zu zerstören. Aus diesem Grund trug er zu vielen Anlässen das Ephod, ein quadratisches, mit 12 verschiedenen Edelsteinen - die die Zwölf Stämme Israels symbolisieren sollen - besetztes Plättchen, das normalerweise nur jüdische Hohepriester - bereits Kaiphas trug es, als er Jesus Christus zum Tode verurteilte - und Hochgradfreimaurer anhaben.

 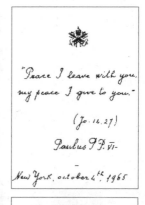

Links: Am 13. November 1964 übergab Paul VI. der freimaurerischen UNO die Tiara, die ein wahrer Papst zum Zeichen seiner Würde trägt. Damit wollte er den Sieg der antichristlichen Mächte über den Vatikan als Zentrum des Christentums symbolisch zum Ausdruck bringen. Interessanterweise heißt es in der Hl. Schrift über den Antichristen, er werde danach trachten, „Festzeiten und Gesetz zu ändern" (Dan 7, 25) und seine Zahl werde die eines Menschen sein, „und seine Zahl ist sechshundertsechzig und sechs" (Offb 13, 18). Tatsache ist: Anti-Papst Paul VI. erfüllt diese beiden Voraussetzungen perfekt; stellt man seine Unterschrift auf den Kopf (rechts unten), erkennt man deutlich die Zahl des Bösen: 666!

(Quellenhinweise: Alle Photos: http://www.mostholyfamilymonastery.com/Paul6photogallery.html)

Am 13. April 1986 besuchte Anti-Papst Johannes Paul II. die Synagoge zu Rom. (Man beachte, wie er und der Christus-verleugnende Rabbi sich begrüßten, so als ob sie beste Freunde seien, die sich vor langer Zeit aus den Augen verloren hatten.) Während seines Aufenthalts in der Synagoge, neigte Anti-Papst Johannes Paul II. seinen Kopf, als die Juden für das Kommen ihres „Messias" beteten. Der Scheinpapst aus Polen behauptet unentwegt, der Alte Bund bestehe noch immer und die Juden hätten eine Bekehrung zur Kirche Christi nicht nötig, um erlöst zu werden. Er setzt sich damit über die 2000 Jahre alte katholische Lehre betreffend die Irrtümer der jüdischen Religion einfach hinweg und mißachtet das vom Konzil von Florenz festgelegte Dogma, nämlich daß der Alte Bund aufgehört hat zu bestehen und nicht gehalten werden kann, ohne den Verlust der Erlösung zur Folge zu haben.

Links: Am 1. Dezember 2003 überreichte Rabbi Marvin Hier Anti-Papst Johannes Paul II. eine Menora als Belohnung für seine „lebenslange Verbundenheit mit der jüdischen Religion. Dabei steht Hier unserem Herrn und Erlöser dermaßen feindselig gegenüber, daß er den Streifen „Die Passion Christi", der 2004 weltweit für Furore sorgte, in den US-Medien als „antisemitisch" brandmarkte.

Rechts: Im Januar 2004 gewährte Anti-Papst Johannes Paul II. den beiden Oberrabbinern des Staates Israel eine „Privataudienz" im Vatikan. Seit Jahrzehnten schon treibt er die Judaisierung des Konzilskatholizismus voran und die ahnungslosen Massen in die Arme der Intimfeinde Christi und Seiner Kirche.

(Quellenhinweise: Oben: http://www.mostholyfamilymonastery.com/JP2apostasywithJews.html; Unten links: ebd.; Unten rechts: http://www.texemarrs.com/082004/eagle-and-serpent.htm)

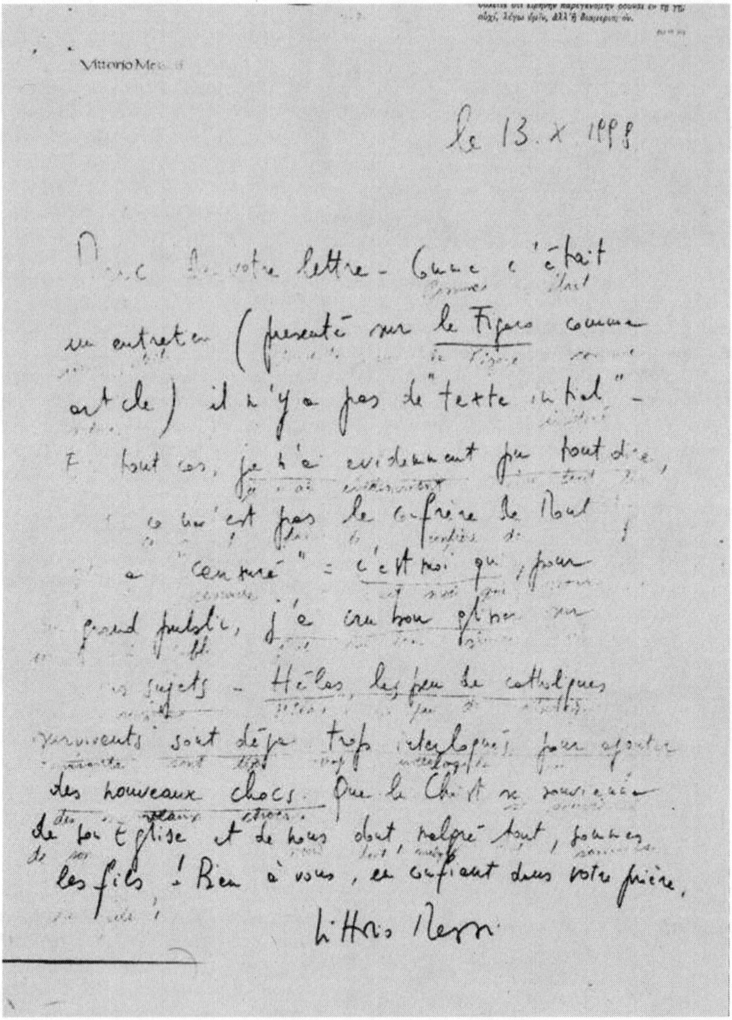
Vittorio Messori

le 13. X. 1998

Merci de votre lettre. Comme c'était un entretien (présenté sur le Figaro comme article) il n'y a pas de "texte intégral" -
En tout cas, je n'ai évidemment pas tout dit, ce n'est pas le confrère de Paul à "censuré" : c'est moi qui, pour le grand public, j'ai cru bon glisser sur ces sujets - Hélas, les peu de catholiques fervents sont déjà trop [illegible] pour ajouter des nouveaux chocs. Que le Christ se souvienne de son Église et de nous tous, malgré tout, sommes les fils ! Bien à vous, en confiant dans votre prière,
Vittorio Messori

*Vittorio Messori ist der Herausgeber des Bestsellers „Die Schwelle der Hoffnung überschreiten", der im Jahre 1994 in Deutschland auf den Markt kam. Dieses Buch wurde aus Antworten auf Fragen zusammengestellt, die Messori an Karol Wojtyla gerichtet hatte. Als ob der Inhalt dieses Werkes nicht bereits schockierend genug wäre, haben wir hier die Kopie eines persönlichen, in französischer Sprache verfaßten Briefes von Messori (man beachte den Briefkopf oben links und seine Unterschrift ganz unten). Darin enthüllt er, daß es weit mehr Fragen und Antworten gab, als im Buch schließlich erwähnt wurden. Messori gibt über „Die Schwelle der Hoffnung überschreiten" einen brisanten Kommentar ab: „Ich enthüllte nicht alles. Ich meinte, für die wenigen noch verbliebenen Katholiken wäre der Schreck zu groß gewesen."**

(Quellenhinweis: http://www.mostholyfamilymonastery.com; *: zit. nach ebd.)

*In seiner Funktion als „Kardinal"
trug Karol Wojtyla (bei einer Reise
nach Chicago) das umgekehrte
Kreuz - das Symbol des Satanismus
(siehe unten links!) - auf seinem
Meßgewand. (Viele Konzilskatholiken sind derart verblendet, daß sie
nicht einmal anhand seiner offen
zur Schau getragenen Symbolik
erkennen, daß Johannes Paul II.
ein großer Feind des Christentums
ist!)*

*Links: Die satanische „Black Metal"-Gruppe Gorgoroth mit dem umge-
kehrten Kreuz, das den Haß auf das Christentum zum Ausdruck bringen
soll. Ein Auftritt der Gruppe aus Norwegen in Krakau Anfang Februar 2004
hatte ganz Polen schockiert: auf der Bühne befanden sich etwa zehn abge-
sägte Schafsköpfe und auf Kreuzen (!) angebrachte nackte Frauen, die alle
mit Schafsblut beschmiert waren. Überall waren auch satanische Symbole.
Eines der weiblichen Modelle wurde schließlich bewußtlos, und es mußte
ein Krankenwagen gerufen werden, um sie zu versorgen. Rechts: Dieses
Photo vom 24. März 2000 zeigt Anti-Papst Johannes Paul II. in Israel, sitzend auf einem Stuhl mit dem Symbol des Satanismus. (Wie kann man diesen
Mann nur als rechtmäßigen Papst bezeichnen?!?)*

(Quellenhinweise: Oben: http://www.mostholyfamilymonastery.com;
Unten links: http://www.aftenposten.no/english/local/article723414.ece;
Unten rechts: http://www.mostholyfamilymonastery.com/a_voice_crying_in_the_wilderness.html)

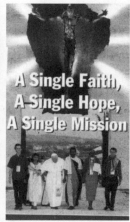

Links: Diese abstoßende, den auferstandenen Christus regelrecht verhöhnende Skulptur befindet sich in der Nervi-Halle, in der Anti-Papst Johannes Paul II. jeden Mittwoch seine Generalaudienzen hält. Rechts: Anti-Papst Johannes Paul II. auf dem Weltjugendtag des Jahres 2000. Man beachte die Statue, unter der die Leute hindurch schreiten mußten. Handelt es sich hier wirklich um Christus oder nicht doch eher um den Teufel? (Die gegenüberliegende Seite liefert die Antwort!) „A Single Faith, A Single Hope, A Single Mission" = „Ein einziger Glaube, Eine einzige Hoffnung, Eine einzige Mission" - um den Glauben Christi handelt es sich bei der Lehre des Zweiten Vatikanischen Konzils und seiner Anti-Päpste freilich nicht!

Ein Photo aus der Nervi-Halle, in der man Johannes Paul II. vor der riesigen Statue sitzend sieht.

· (Quellenhinweise: Oben links:
http://www.vatican.va/vatican_city_state/services/telephones/docments/car20_en.html;
Oben rechts: http://www.mostholyfamilymonastery.com;
Unten: http://www.novusordowatch.org/p6audiencehall.jpg)

Betrachtet man sich die Hände dieser Gestalt, die zu Krallen geformt sind, und die (im Original) feuerrot leuchtenden Augen, ist es ziemlich offensichtlich, daß dies der Satan und nicht unser Herr und Erlöser ist.

Das boshafte Wesen der endzeitlichen Konzilssekte zeichnet sich in erster Linie durch den „Ökumenismus" aus, der das erste Gebot Gottes sträflich mißachtet: „Du sollst keine anderen Götter neben mir haben!" In Psalm 96, 5 heißt es hierzu ausdrücklich: „Denn alle Götter der Heidenvölker sind nichtige Götzen; der Herr jedoch hat den Himmel erschaffen." Links: Anfang September 2003 fand in Aachen ein „Friedenstreffen der Religionen" statt, an dem Vertreter zahlreicher falscher Religionen teilgenommen hatten (auch der Präsident des Zentralrats der Juden in Deutschland, Paul Spiegel, und der ehemalige israelische Oberrabbiner Israel Meir Lau waren anwesend). Seinerzeit zeigten die „katholischen" Geistlichen erneut ihr wahres Gesicht, indem sie mit Götzendienern, Häretikern und Schismatikern gemeinsam „beteten". Rechts: Diese Buddha-Statue wurde in Aachen in einer katholischen Kirche (!) aufgestellt. (Da in der Vergangenheit zahlreiche Katholiken lieber starben als heidnische Götzen anzubeten, muß man sich fragen, was dieses Ding in einem Gotteshaus zu suchen hat!)

(Quellenhinweise: Oben: http://www.mostholyfamilymonastery.com;
Unten links: http://www.novusordowatch.org/ecumenism.htm;
Unten rechts: http://www.novusordowatch.org/aachen2.htm)

An der vermeintlich katholischen Grundschule „Holy Rood" in Barnsley, im englischen South Yorkshire, fand im Juli 2004 ein sogenannter „Tag des Interreligiösen Bewußtseins" statt, bei dem ein indischer Sikh den Schülern seinen falschen Glauben näherbrachte. Die Kinder werden hier also nicht zu Katholiken, sondern zu Heiden erzogen. (Die Irrlehren trügerischer Religionen werden heute gerade von der Konzilskirche und deren Einrichtungen massiv gefördert!)

Links: Wer solch eine konzilskirchliche Veranstaltung für einen „Gottesdienst" bzw. eine wahre katholische Messe hält, sollte sich schleunigst auf seinen geistigen Gesundheitszustand überprüfen lassen. Tatsache ist: Es ist einfach nur schändlich, widerwärtig und gottlos, was sich in der Institution abspielt, die nach außen hin vorgibt, den katholischen Glauben zu vertreten!

(Quellenhinweise: vier Photos oben: http://holyroodschool.catholicweb.com; unten: http://www.novusordowatch.org)

Links: In konzilskirchlichen „Gottes"häusern ist es nichts besonderes mehr, auf Vertreter falscher Religionen zu stoßen, so etwa in der Nationalen Kathedrale in Mexiko Stadt am 4. Oktober 2004, wo buddhistische Mönche während einer Andacht für den Frieden mit dem Dalai Lama gemeinsam beteten. Rechts: Während Mexikos „Kardinal" Norberto Rivera zuschaute, begrüßte der Dalai Lama seinerzeit einige Kinder.

Spaß und Vergnügen auf dem Jesuiten-Jugendtag des Jahres 2002 in Polen? Ein halbnackter Kerl trägt eine Nonne.

(Quellenhinweise: Oben links: http://www.phayul.com/news/article.aspx?t=3&c=1&id=7868; Oben rechts: http://www.phayul.com/news/article.aspx?t=3&c=1&id=7870; Unten: http://www.jezuici.pl/jdm/strony/galeria/2001/10.jpg)

29

Stellungnahmen zu Antikonzeptiva oder Unzucht ... , entweder fehlt oder pervertiert ist.

Was für Früchte eine derartig degenerierte Saat bringt, sollte klar sein. Deswegen darf man die **Pädophilie-Verbrechen** nicht überbewerten oder gar isoliert betrachten. Sie **fügen sich harmonisch ein in das Ganze der V2-Sekte**, gehören zum Selbstausdruck dieses Vereins. Wenn diese Möglichkeit des Entertainment [der Unterhaltung] infolge des öffentlichen Drucks eingeschränkt ist, kommt eben der nächste Kick-Bringer an die Reihe. Die Kick-Sucher mit den gewissen psychologischen Schwierigkeiten lechzen nach intensiven Erfahrungen, je perverser, desto besser, da darf es auch schonmal taumelhaftes Techno-Getümmel am Altar (oder Luthertisch) sein ... **Wer in der V2-Sekte bleibt, setzt sich einem Sog aus, der in die Hölle führt**, und deswegen empfehlen wir nach wie vor jedem, sich von der V2-Sekte mit der notwendigen Deutlichkeit zu trennen", schreibt eine traditionalistische katholische Internetseite. [24]

„In der [konzils-]katholischen Kirche der USA hat es im vergangenen Jahr [Anm.: 2004] mehr als 1000 neue **Vorwürfe gegen Priester wegen sexuellen Mißbrauchs** gegeben", hieß es auf „RTLtext" am 19. Februar 2005 auf Seite 131 (Herv. v. Verf.). „Die meisten Beschuldigungen beziehen sich auf angebliche Vorfälle **in den Jahren 1965 bis 1974** [Anm.: Interessanterweise war das die Zeit, in der die Beschlüsse des Zweiten Vatikanischen Konzils weltweit umgesetzt wurden, vor allem die zwingende Durchführung der Neuen Messe im Jahre 1974!]. Die insgesamt 1092 Vorwürfe richten sich gegen 756 Geistliche.

Die Zahl der mutmaßlichen Opfer wurde mit 1083 angegeben. Die katholische Kirche zahlte 2004 fast 122 Millionen Euro für Vergleiche sowie für Therapiemaßnahmen und Anwaltskosten."

In der Tat hat die Unterwanderung des Vatikans durch die antichristlichen Mächte ganz verhängnisvolle Auswirkungen, denn mittlerweile interessiert sich kaum noch einer unserer

---

[24] V2-"Priester" - Kinderschänder - Kurze Stellungnahme zu den Pädophilie-Verbrechen von V2-Funktionären - Kirche zum Mitreden, 13.11.2002; http://prhl.crosswinds.net/priest06.htm; Herv. v. Verf.

Mitmenschen für den Glauben und den tieferen Sinn unseres irdischen Daseins. Viele haben sogar eine ziemlich merkwürdige Sicht der Dinge: „Nach einer repräsentativen Umfrage des Meinungsforschungsinstituts Emnid zu den Zehn Geboten Gottes glauben 49 % der Bürger in den neuen Bundesländern und 37 % in den alten, daß die Aufforderung: ,Du sollst tolerant sein gegenüber anderen Religionen' zu den göttlichen Geboten gehöre." [25]

„Einer Emnid-Umfrage zufolge glauben die meisten Deutschen, daß das Böse durch das menschliche Machtstreben in die Welt kommt. 42 Prozent der Befragten gaben auf die Frage ,Wie kommt das Böse in die Welt?' diese Antwort. Für 23 Prozent der Befragten ist eine schlechte Erziehung oder eine traumatische Kindheit der Grund. **Nur jeder zehnte Befragte (12 Prozent) glaubt, daß es eine naturgegebene Aggression des Menschen gibt. 3 Prozent halten den Teufel für den Urheber allen Übels."** [26] (Daß nur die wenigsten noch an die Erbsünde und die Existenz des Widersachers Gottes glauben, sagt einiges über den allgegenwärtigen Glaubensabfall der heutigen Zeit aus! Jedenfalls wird man angesichts dessen unweigerlich an die weisen Worte von Charles Pierre Baudelaire erinnert: „Die schönste List des Teufels ist, uns zu überzeugen, daß es ihn nicht gibt.")

Erschreckend auch, wen die meisten unserer Landsleute für den „größten Weltverbesserer" halten. „In der Rangliste der größten Weltverbesserer steht für die Deutschen [Anm.: der Kommunist, jüdischstämmige einstige KGB-Chef, ehemalige UdSSR-Präsident, Kriegsverbrecher am afghanischen Volk, Freimaurer und Wegbereiter der „Neuen Weltordnung"] Michail Gorbatschow [alias Kohn] ganz oben.

Wie eine Emnid-Umfrage ergab, ist der frühere sowjetische Staatschef für 14 Prozent der Deutschen derjenige mit dem positivsten [!] Einfluß auf die Weltgeschichte. Die Frage, wer die Welt am meisten zum Guten verändert hat, beantworteten 7 Prozent der 1000 Befragten mit [Anm.: dem Hochgradfreimaurer] Helmut Kohl.

---

[25] Kurier der Christlichen Mitte, Mai 2002
[26] RTLtext, 5.11.04, S. 128; Herv. v. Verf.

Auf den Plätzen drei und vier folgen Mahatma Gandhi und Konrad Adenauer. Jesus Christus kam bei der Umfrage mit drei Prozent [Anm.: nur!] auf Platz zehn", so der „ARD-Text" am 3. Dezember 2004 (S. 535). Bedauerlicherweise scheinen bloß die wenigsten Deutschen noch die Worte des Propheten Isaias, und damit das wahre Wesen unseres Herrn und Erlösers, zu kennen: „Denn ein Kind wird uns geboren, ein Sohn wird uns geschenkt, auf dessen Schulter die Herrschaft ruht. Man nennt ihn: Wunderrat, Gottheld, Ewigvater, Friedensfürst. Groß ist die Herrschaft, und der Friede ist endlos auf Davids Thron und in seinem Reich; er errichtet und stützt es durch Recht und Gerechtigkeit von nun an bis in Ewigkeit" (Is 9, 5f). Daß Christus, der vom hl. Paulus als „Herr der Herrlichkeit" (1 Kor 2, 8) bezeichnet wird, in der Reihe der „Weltverbesserer" also weit abgeschlagen auf dem zehnten Platz landet, zeigt, wessen Geistes Kind viele Deutsche geworden sind!

Tatsächlich hat der Abfall vom Glauben mittlerweile solche Ausmaße angenommen, daß selbst Vertreter der Konzilssekte nicht umhin können, diesen traurigen Zustand zu thematisieren: „Der **Kölner Erzbischof Kardinal Meisner hat** auf der jüngsten Bischofskonferenz in Fulda **seiner Kirche** [Anm.: völlig zurecht!] **vorgeworfen, sie sei nur noch dem Namen nach katholisch.** In der Kirche sei ein **Wissen vom Glauben nur noch sehr begrenzt vorhanden** und **viele** die mitreden wollten **vertreten eine Ideologie, die sie sich selbst erdacht hätten.** In der schriftlichen Fassung der Rede nannte der Erzbischof als Beispiele, den ,Bund der Deutschen Katholischen Jugend', die ,Katholische Arbeitnehmerbewegung', die ,Katholische Frauengemeinschaft' und das ,Zentralkomitee der Deutschen Katholiken'. Diese Aufzählung fehlte in der mündlichen Originalrede. Weiter meinte Meisner, es gäbe einen Wust von Apparaten, Strukturen, Zuständigkeiten und Kompetenzen in der katholischen Kirche. Die [konzils-]**katholische Kirche sei zu einer** [vermeintlichen!] **Weltverbesserungsgesellschaft verkommen.** Nur, wenn die Botschaft des Evangeliums wieder unverkürzt (unverfälscht) verkündet wird, dann hilft das, aus der heutigen Spaßgesellschaft wieder eine Bewährungsgesellschaft zu machen", so die „Politischen

Hintergrundinformationen" in ihrer Ausgabe vom 28. Oktober 2002.[27]

Jedenfalls ist der große Glaubensabfall heute *offenkundig* und kann von *niemandem* mehr geleugnet werden: „**50 % der Katholiken halten ihre eigene Religion nicht für die einzig wahre Religion.** Während die katholische Kirche in Europa ständig an Mitgliedern verliert, ist sie stolz darauf, daß sie durch Zunahme der Gläubigen in Asien, Afrika und Amerika den Verlust an Gläubigen mehr als ausgleichen kann. Jedoch gibt die katholische Nachrichtenagentur Ucanews selbst zu, daß in Asien 50 % ihrer Gläubigen daneben auch andere Religionen für wahr halten. Auch in Afrika, sowie Süd- und Mittelamerika huldigen die bekennenden katholischen Christen daneben zu mindestens 50 % noch heidnischen Bräuchen aus alten traditionellen Überlieferungen wie beispielsweise dem Voodoo-Kult." [28]

In Deutschland ist die Situation ganz ähnlich: „**Nach den Erkenntnissen der empirischen Sozialwissenschaft sind die Katholiken in ihrer Mehrheit nicht mehr katholisch.**

Ebertz [Anm.: der Freiburger Religionssoziologe Michael Ebertz] hält sich nicht mit sattsam bekannten Randnotizen auf: Daß der priesterliche Zölibat, die Sexualmoral, die päpstliche Unfehlbarkeit auch im Kirchenvolk weithin auf Ablehnung stoßen. Daß 84 Prozent der Katholiken nichts dabei finden, die Sonntagsmesse zu schwänzen und dabei laut Weltkatechismus eine ‚schwere Sünde' begehen. Nach den Einsichten des Sozialforschers hat die **Kirche in ihrem Kerngeschäft abgewirtschaftet.** Zentrale Lehraussagen verhallen auch unter Kirchenmitgliedern ungehört: **Nach einer Emnid-Studie von 1997 glauben nur noch 18,7 Prozent der Katholiken an Gott als ein persönliches Gegenüber; über 40 Prozent halten laut einer Allensbach-Studie 2002 die Welt nicht für eine Schöpfung Gottes.**

Ebertz' Analyse schmerzt die Kirchenverbundenen. Der Schmerz verstärkt sich noch, denn der Forscher verbaut einen beliebten Fluchtweg: Wer die Kirchgänger für die Rechtgläu-

---

[27] Politische Hintergrundinformationen - Deutschlanddienst, Nr. 44-45 / 2002, S. 343f; Herv. v. Verf.

[28] ebd. Nr. 34-35 / 2002, S. 264; Herv. v. Verf.

bigen hält, liegt daneben. Sie schneiden in den Befragungen nicht wesentlich besser ab als Fernstehende. **Unter den Gottesdienstbesuchern gibt es** sogar **nicht wenige Atheisten, ungläubige Fromme sozusagen, dazu Esoteriker,** die sich ihr individuelles Glaubens-Potpourri aus allen möglichen Zutaten der weiten Welt zusammenmixen - ‚religiöse Fremdgänger', wie sie der Wissenschaftler tituliert. **Ein Drittel der katholischen Kirchentreuen sympathisiert mit der völlig unchristlichen Vorstellung einer Wiedergeburt.**" [29]

Angesichts all dessen versteht man, warum unser Herr und Erlöser sagte, daß *nur wenige* in das Himmelreich einziehen werden: „Geht hinein durch das enge Tor! Denn **weit ist das Tor, und breit ist der Weg, der ins Verderben führt, und viele sind es, die hineingehen auf ihm. Doch wie eng ist das Tor und wie schmal der Weg, der zum Leben führt,** und wenige [!] sind es, die ihn finden" (Mt 7, 13f).

Jesus Christus gab auch zu bedenken: „**Nicht jeder, der zu mir sagt: Herr, Herr! wird eingehen in das Himmelreich, sondern wer den Willen meines Vaters tut, der im Himmel ist**" (Mt 7, 21). „Ohne den [unverfälschten bzw. *wahren*, nämlich katholischen] Glauben ist es unmöglich, Gott zu gefallen" (Hebr 11, 6).

Für viele, die sich selbst gerne als „Christen" bezeichnen - vor allem Mitglieder der häretischen und schismatischen Sekten (Konzilskirchengänger, Anglikaner, Russisch-Orthodoxe, Protestanten usw.) -, wird es in Zukunft also ein böses Erwachen geben!

Eine Vision über den Erzdiakon von Lyon, der am gleichen Tag wie St. Bernard (+1153) das Zeitliche segnete, scheint dies zu bestätigen: „Sie sollten wissen Monsignor, daß zur selben Stunde, in der ich starb, 33 000 Leute ebenfalls aus dem Leben schieden. Von diesen gelangten Bernard und ich unverzüglich in den Himmel, drei kamen ins Fegefeuer, und all die anderen stürzten zur Hölle hinab." [30]

Das bedeutet: von 33 002 Menschen fuhren 32 997 in die Hölle; weniger als 0,025 % wurden erlöst bzw. mußten ins Fege-

---

[29] Fuldaer Zeitung, 23.11.02; Herv. v. Verf.

[30] St. Vinzenz Ferrer erzählt; zit. nach http://www.mostholyfamilymonastery.com/quotations.html; 26.10.04

34

feuer. Setzt man diese Zahl in Verhältnis zur heutigen Erdbevölkerung - etwa 6 300 000 000 -, würden insgesamt nur an die 1,5 Millionen (1 500 000) Personen erlöst werden. (Interessanterweise ist das in etwa die gegenwärtige Zahl glaubenstreuer Katholiken [beispielsweise gibt es in den USA bei einer Gesamtbevölkerung in Höhe von rund 280 000 000 nur rund 100 000 wahre, das heißt *traditionelle* Katholiken]!)

Bereits der hl. Petrus gab vor rund 2000 Jahren zu bedenken: **„Wenn der Gerechte kaum das Heil erlangt, wo wird der Gottlose und der Sünder zu sehen sein?"** (1 Petr 4, 18) Der im Jahre 1859 verstorbene St. Johannes Vianney (der hl. Pfarrer von Ars) schloß sich dem an: „Die Anzahl der Geretteten ist so gering wie die Anzahl von Weintrauben, die übriggeblieben sind, nachdem die Pflücker den Weinberg wieder verlassen haben."

Jedenfalls ist es aufgrund des *gerade von Rom aus* geförderten Glaubensabfalls kein Wunder, daß kirchliche Bindungen nach Einschätzung von Meinungsforschern für immer mehr Deutsche an Bedeutung verloren haben. **„Bei den unter 30jährigen seien nur noch 13 Prozent der Auffassung, daß die Kirche ‚gut in unsere Zeit paßt',** erklärte der Sozialforscher Edgar Piel vom Allensbacher Institut für Demoskopie ... in Erfurt. Die Kirchen hätten für 47 Prozent aus dieser Bevölkerungsgruppe ‚mit unserem Leben heute nur noch wenig zu tun'.

In der modernen Gesellschaft werde es immer schwieriger, das praktisch orientierte Alltagsbewußtsein mit der Sphäre der christlichen Religion zu verbinden, sagte Piel im Rahmen der Ringvorlesung ‚Weltreligionen im 21. Jahrhundert'. Zwar gebe es bei vielen Menschen eine Sehnsucht nach Religiosität und existentieller Sinndeutung. Doch **davon profitieren** vor allem **Esoterik und Aberglaube."** [31]

„Nur noch 11 % der Deutschen stehen hinter der katholischen Kirche: In Bayern bezeichnen sich 50 % der Bevölkerung als religiös. In Hamburg waren es 26 % und in den mitteldeutschen Bundesländern waren es nur 14 %. Bei der Frage ‚religiös' war die Selbsteinschätzung gefragt, nicht etwa ir-

---

[31] Fuldaer Zeitung, 2.6.01; Herv. v. Verf.

gendwelche Mitgliedschaften in Kirchen oder religiösen Vereinigungen."[32]

„Was in Holland schon vor 30 Jahren als Tendenz erkennbar war, wird inzwischen auch bei uns zur drohenden Realität: **Immer weniger Kirchengebäude können wegen der merkwürdigerweise ,verschwundenen' Gläubigen noch wirklich genutzt werden. Es droht ein ,Ausverkauf' an Kirchengebäuden.**

In Amsterdam ist inzwischen die Hälfte der 44 Kirchen, die es vor 30 Jahren noch gab, umgewidmet oder verkauft: Die ehemaligen Kirchen dienen dort heute als Supermärkte, Restaurants, Diskos usw.

In Deutschland ist jetzt jede dritte Kirche von Schließung, Verkauf oder Abriß bedroht. Mancherorts sind es auch mehr. Die Vorsitzende des Frankfurter Kirchenparlaments, Esther Gebhard, sagt: ,Die Hälfte aller Bauten muß abgegeben werden.' Angesichts der Tatsache, daß die Protestanten dort in ihren Kirchen Platz für 400 000 Christen, aber nur noch 145 000 Mitglieder haben, nicht verwunderlich. Und nicht nur protestantische, sondern auch **viele ehemals katholische Kirchen sind von ,Umwidmungsplänen' betroffen. Seit kurzem stehen sechs katholische Kirchen in Berlin zum Verkauf. Fast hundert Kirchen werden dort im Erzbistum nicht mehr gebraucht.**

Hierzulande ist es allerdings nicht so leicht, Kirchen zu verkaufen, weil es für allfällige wirtschaftliche Zwecke viele Alternativobjekte gibt. Dennoch, die ,Umwidmung' von Gotteshäusern hat auch hier begonnen.

Im brandenburgischen Milow wurde der Altar der Dorfkirche durch den Geldautomaten [!] der Sparkasse ersetzt, im sauerländischen Willingen zog in die Dorfkirche das Gasthaus Don Camillo ein. Andere Kirchen werden während der Woche für Veranstaltungen wie Handarbeits- und Gymnastikkurse, Modeschauen, Festivals, Weihnachtsfeiern, Filmvorführungen, Mieterberatung u.a. vermietet. Mit solchen ,Auswegen' entgehen die ,Kirchenführer' aber letztlich auch nicht dem fi-

---

[32] Politische Hintergrundinformationen - Deutschlanddienst, Nr. 22-23 / 2003, S. 158; Herv. v. Verf.

nanziellen Ruin. Sie **vertreiben über kurz oder lang so nur die noch verbliebenen Gläubigen aus den Kirchen, die sich in der Regel im Herzen noch ein Gespür für die notwendige Heiligkeit eines Gotteshauses bewahrt haben.** Da fällt den Verantwortlichen oft nur noch der Abbruch als Alternative ein. Doch: ‚Selbst eiserne Atheisten spüren plötzlich die drohende Leere und entdecken ihr Herz für das alte Gemäuer - eine Erfahrung, die fast überall gemacht wird, wo der Abriß droht. Offenbar ist in den Kirchen mehr aufgehoben als nur Altar, Kanzel und Gesangbücher. Offenbar birgt die Bedrohung der Bauten auch eine Chance auf Neubesinnung' (Die Zeit, 4.3.04).

Woher aber kommt ‚plötzlich die drohende Leere'? Ist es nicht letztlich die Leere der Herzen der (angeblichen) Christen, die sich in allen Lebensbereichen immer mehr auswirkt und immer stärker zu einer wahren Bedrohung des Lebens überhaupt geworden ist? **Droht nicht notwendig die Leere, wenn von den Christen, ja von den religiösen Führern selbst, Christus, sein Opfertod für uns, das neue Leben aus Seiner Gnade, usw. verleugnet werden, das überlieferte und wahre Meßopfer der Kirche verboten wird, die Worte Jesu verdreht und unglaubwürdig gemacht werden, aus dem wahren Gottesdienst durch eine neue Theologie ein bloßes Unterhaltungsangebot nach menschlichen [!] Maßstäben geworden ist?"** [33]

Bezeichnenderweise laufen der „Kirche" gerade in Italien die Gläubigen davon. „Laut Umfragen gehen nur noch 29 Prozent der Italiener jeden Sonntag in die Kirche, zudem sind die Hälfte der Kirchgänger alte Leute. ‚Der Prozeß der Säkularisierung wird zunehmend zu einem Trend der Entchristianisierung', so der Mailänder [Konzils-]Bischof.

Wie italienische Zeitungen berichteten, ging 2001 die Zahl der kirchlichen Trauungen gegenüber 2000 um zehn Prozent zurück. Die standesamtlichen Hochzeiten nehmen dagegen zu." [34]

---

[33] Thomas Ehrenberger: "Selbst Atheisten erschrecken vor der sich ausbreitenden Leere"; http://www.arbeitskreis-katholischer-glaube.de; Herv. v. Verf.

[34] ZDFtext, 9.9.03, S. 146; Herv. v. Verf.

Für viele stellt sich die grundsätzliche Frage, ob sich die Kirche nicht an den Zeitgeist anpassen und liberaler werden sollte. Diesbezüglich sollte man aber bedenken: „Das **Bistum Limburg,** welches einen besonders **liberalen Bischof** hat, **verlor in den Jahren 1975 bis 2000 25 % seiner Mitglieder.** Das Bistum Fulda, welches von einem besonders strenggläubigen [Konzils-]Bischof geführt wurde, verlor nur 4 % seiner Mitglieder."[35]

Doch damit nicht genug: „Ausgerechnet in einem der ‚fortschrittlichsten' Bistümer Deutschlands gibt es erstmalig seit etwa 100 Jahren keine Priesterweihe mehr: Aus Mangel an Nachwuchs gibt es in diesem Jahr [Anm.: 2002] **erstmalig seit 100 Jahren im Bistum Limburg keine Priesterweihe.** Die Zahl der Bewerber für den Priesterberuf sei so zurückgegangen, daß kein Kurs zustande gekommen sei. Wegen der Kirchenaustritte und dem Rückgang der Kirchenbesucher soll die Zahl der Planstellen für Priester im Bistum Limburg bis zum Jahr 2007 von 150 auf 105 reduziert werden."[36]

„1951 wurde Ignatz Bubis wegen schwerer Wirtschaftsverbrechen in Dresden zu 12 Jahren Zuchthaus verurteilt. Der Strafverbüßung entzog er sich durch Flucht in den Westen. Doch auch hier geriet Bubis mit dem Gesetz in Konflikt. Sein Vorstrafenregister weist mehrere Einträge aus. Dies hinderte die Stadt Frankfurt am Main aber nicht daran, zu Ehren des 1999 verstorbenen Präsidenten des Zentralrats der Juden in Deutschland einen ‚**Ignatz-Bubis-Preis'** zu stiften. Er wird alle drei Jahre verliehen. **Erster Preisträger war 2001 der SPD-Politiker Wolfgang Thierse. Als Laudator trat Kardinal Lehmann auf.**

Am 12. Januar 2004 wird **in der Frankfurter Paulskirche der Preis** zum zweiten Mal vergeben, diesmal **an den Limburger Bischof Franz Kamphaus.** ... Kamphaus fordert seit Jahren eine ‚liberalere Asylpolitik' ...

Der frühere Diplomat Karl-Heinz Schüler hat Kamphaus über Bubis aufgeklärt, auch über die Tatsache, daß der Zentralratspräsident in seiner 1996 erschienenen Autobiographie (‚Damit

---

[35] Politische Hintergrundinformationen - Deutschlanddienst, Nr. 19-20 / 2002, S. 148; Herv. v. Verf.

[36] ebd. Nr. 21-22 / 2002, S. 162; Herv. v. Verf.

bin ich noch längst nicht fertig') nachweisliche Unwahrheiten verbreitet hat. Das Buch mußte vom Markt genommen werden. Und Schüler, von Bubis beleidigt, erhielt eine Entschädigung. Kamphaus nahm die (von den Medien verschwiegenen) Tatsachen zur Kenntnis und schrieb jetzt an Schüler: ‚Ich habe Ihre Erfahrungen mit Betroffenheit zur Kenntnis genommen.' Er, Kamphaus, wolle den Preis trotzdem annehmen. Denn: ‚Wo Licht ist, da ist auch Schatten.'

Der **Ignatz-Bubis-Preis** ist **mit 50 000 Euro dotiert.** Das **Geld entstammt dem Kommunalhaushalt der Stadt Frankfurt.** Über die Verleihung entscheidet eine Jury unter Leitung des Stadtoberhauptes (derzeit Petra Roth, CDU). Dem Gremium gehören laut Satzung der Vorsitzende und ein weiteres Mitglied der Jüdischen Gemeinde an, außerdem die ‚Ehefrau des Namensgebers zu Lebzeiten' oder ein ‚Verwandter in direkter Linie'.

Bubis galt als einer der reichsten Männer Deutschlands und hat seiner Familie ein immenses Immobilien-Vermögen hinterlassen. Deshalb wundern sich Kritiker, weshalb das Preisgeld nicht von den Erben, sondern von den Steuerzahlern aufgebracht wird - und das in Zeiten, wo insbesondere die Frankfurter Oberbürgermeisterin Roth über leere Stadtkassen klagt", berichtete „Nation & Europa" im November/Dezember 2003 (S. 18; Herv. v. Verf.).

Gerade in den letzten Jahren trat das wahre Wesen der Konzilssekte immer deutlicher zum Vorschein, unter anderem bei einer Reklame-Kampagne in Österreich: „Es gibt eine **aufwendige Plakataktion mit großen Plakaten und Hochglanzbroschüren.** Damit will die (Amts-)Kirche mitteilen, daß sie gar nicht so weltfremd ist, wie man denkt. Man sieht einen Pfarrer als Motor-Segelflieger, einen Religionslehrer als Mephisto [!] verkleidet, eine Franziskaner-Oberin als Radfahrerin und eine Theologie-Professorin als Flamingo-Tänzerin. **Die Worte ‚Gott' oder „Jesus Christus' kommen in der ganzen Werbekampagne nicht vor.** Von den befragten Gemeindemitgliedern lehnten 1027 die Plakate ab und nur 73 fanden sie schön. Das sich irgendwer aufgrund solcher Plakate der Kirche zuwendet oder seinen Kirchenaustritt verzögert, ist unwahrscheinlich." [37]

Auf die Frage: „Verraten der Papst und der Vatikan das Christentum?", im Hinblick auf das „Gebetstreffen" in Assisi im Jahre 2002 und andere Merkwürdigkeiten, haben die PHI eine deutliche Meinung: „Papst **Johannes Paul II.** weicht immer mehr von der katholischen Lehre ab. Bei einer Rede im Sudan im Jahre 1993 **erklärte** er, **Allah sei identisch mit dem christlichen Gott.** Allah sei nur ein anderes Wort für den christlichen Gott. **Er sagte sogar: ‚Allah segne den Sudan'.** Er erklärte dies so, daß eben Allah nur ein anderes Wort für Gott wäre, aber **die Sudanesen, die wahre Christenverfolger sind, fühlen sich gerechtfertigt, weil ja der** [nur scheinbar!] **höchste Vertreter des Christentums augenscheinlich Allah anerkannt habe.** Kardinal Ratzinger erklärte, ‚nicht nur das Christentum habe heilige Bücher' und für jedes dieser heiligen Bücher, auch anderer Religionen müsse ‚irgendeine göttliche Erleuchtung' angenommen werden.

Papst und Ratzinger missionieren für das Christentum mit dem Zusatz, die anderen Religionen wären genauso gut. Ein solches Verhalten kann dem Christentum nicht dienlich sein. Kein Kaufmann würde seine Ware mit dem Zusatz anbieten, die Konkurrenz habe auch gute Ware." [38]

Besonders verwerflich ist die enge Zusammenarbeit des Vatikans mit dem nachchristlichen, talmudgläubigen Judentum. So beging die Päpstliche (sic!) Kommission für die religiösen Beziehungen zum Judentum am 22. Oktober 2004 den 30. Jahrestag ihrer Gründung unter Anti-Papst Paul VI. „Der heutige Kommissions-Vorsitzende, Kurienkardinal Walter Kasper, zieht im Interview mit der KNA Bilanz.

Auf die Höhepunkte des Verhältnisses von Kirche und Judentum angesprochen, sagt Kasper: „Da sind einmal einige wichtige Dokumente, etwa das Vatikan-Dokument zum Holocaust, das 1998 unter dem englischen Titel ‚We remember' erschien - auch wenn es der jüdischen Seite nicht in jeder Hinsicht genügte. Und natürlich **alles, was der jetzige Heilige Vater**

---

[37] ebd. Nr. 22-23 / 2004, S. 172; Herv. v. Verf.
[38] ebd. Nr. 36-37 / 2002, S. 278; Herv. v. Verf.

[sic!] getan hat, angefangen beim Synagogenbesuch in Rom 1986. Das war immerhin der erste Synagogenbesuch in fast 2000 Jahren! Und dann die Reise nach Israel während des Heiligen Jahres. Es ist einhellige Meinung unter den Juden, daß noch kein [!] Papst so viel für die Verständigung zwischen uns getan hat wie Johannes Paul II." [39]

Auf die Frage, wie denn die Beziehungen heute seien, antwortet Kasper: „Sie sind, was die religiösen Beziehungen angeht, gerade in letzter Zeit ausgezeichnet. Beim jüngsten Treffen des **Internationalen katholisch-jüdischen Verbindungskomitees** im Juni in Buenos Aires war die Atmosphäre äußerst positiv und ganz ohne Polemik. Wir haben auch **erstmals** den Schritt geschafft, **über den bloßen theologischen Dialog hinaus zu einer praktischen Zusammenarbeit** zu kommen. Etwa im karitativen Bereich, wo wir in Argentinien nach der großen Wirtschaftskrise **ganz beachtliche Spenden von jüdischer Seite** für bedürftige Kinder **über das Netz der katholischen Caritas verteilt** haben. An solchen Punkten zeigt sich, daß unser **gemeinsames Menschenbild** [Anm.: Wie rechtschaffene Juden, wie Israel Shahak und Israel Shamir, immer wieder aufgezeigt haben, ist das Menschenbild der Talmudisten von einem beispiellosen Rassismus und Chauvinismus geprägt!] **auch in der praktischen Zusammenarbeit** Früchte trägt." [40]

Kasper weist darauf hin, daß der **Dialog mit den Juden ein Auftrag des Zweiten Vatikanischen Konzils** ist, „und er entspricht dem heutigen [!] Stand katholischer Theologie. Hinter diese Erkenntnisse kann es kein Zurück geben ..." [41]

„Am 12. August 2002 erschien ein Papier des ‚Komitees für interreligiöse Beziehungen' der US-Bischofskonferenz, welches feststellt, daß alle Tätigkeiten, die darauf abzielen, Juden zur Konversion zum katholischen Glauben zu bewegen, theologisch von der katholischen Kirche [sic!] nicht mehr akzeptiert werden können." [42]

---

[39] Fuldaer Zeitung, 23.10.04; Herv. v. Verf.
[40] ebd.
[41] ebd.
[42] Politische Hintergrundinformationen - Deutschlanddienst, Nr. 40-41 / 2002, S. 311

Dabei ist die Aussage Christi diesbezüglich unmißverständlich: „Mir ist alle Gewalt gegeben im Himmel und auf Erden. So geht denn hin und macht alle Völker zu Jüngern, indem ihr sie tauft auf den Namen des Vaters und des Sohnes und des Heiligen Geistes und sie alles halten lehrt, was Ich euch geboten habe" (Mt 28, 18ff).

„Diese Worte werden uns im Evangelium nach Matthäus als Letztes überliefert, was Jesus (vor Seiner Himmelfahrt) Seinen Jüngern aufgetragen hatte. Und sie stellen für die modernen Ohren ein großes Ärgernis dar. Denn hier erhebt jemand einen Anspruch, und zwar nicht irgendeinen, sondern den Absolutheitsanspruch! Unterstrichen wird dieser Anspruch durch die Worte, die unser Herr beim Missionsbefehl im Evangelium nach Markus gesprochen hatte: ‚Wer glaubt und sich taufen läßt, wird gerettet werden; wer aber nicht glaubt, wird verdammt werden' (Mk 16, 16). Das Evangelium ist eindeutig, es bleibt kein Raum für irgendwelche (spitzfindige) theologische Interpretationen. ...

Der Beginn des 1. Johannesbriefes gibt uns genug Aufschluß darüber, worum es im christlichen Glauben geht: ‚Was von Anfang an war, was wir gehört und mit eigenen Augen gesehen, was wir geschaut und mit unseren Händen betastet haben: ich meine das Wort des Lebens, das verkündigen wir euch. - Das Leben ist sichtbar erschienen. Wir haben es gesehen. Wir bezeugen und verkünden euch das ewige Leben, das beim Vater war und uns sichtbar erschienen ist' (1 Joh 1, 1f).

Wie deutlich erkennbar, geht es hier nicht um irgendein theoretisches System, dem die Menschen aus irgendeinem Grund den Vorzug geben sollten, sondern einzig und allein um die Person Jesu Christi! Und der Glaube an Jesus wird wohlgemerkt nicht verlangt, allein weil Er es etwa so angeordnet hätte, oder weil Er ein großer Religionsstifter gewesen wäre o. ä. **Der Grund des Glaubens an Jesus Christus liegt darin, daß Er ‚das Leben, das ewige Leben' ist!** Bezeichnenderweise ist hier die Rede vom ‚Leben' schlechthin. Jesus hat nicht nur irgendwie Anteil am Leben Gottes, Er ist dieses ‚ewige Leben' wesensmäßig! Man kann sagen, außerhalb Seiner gibt es kein anderes göttliches Leben (mehr). ...

Wenn die Kirche nun den Auftrag erhält, allen Völkern den Glauben an den Gottessohn zu überbringen, dann soll sie durch ihre Missionstätigkeit nichts anderes tun, als eben dieses göttliche ‚Leben', Jesus Christus, vermitteln! Das Ziel der Mission ist nicht, zu erreichen, daß die Zahl jener Personen zunimmt, die (offiziell) zu Christen beigezählt werden. Auch sollen sich die Menschen nicht zum Christentum bekennen, z. B. nach der Art einer Stimmabgabe für eine der politischen Parteien oder Programme. Nein, **es geht letztendlich darum, möglichst allen Menschen (‚macht alle Völker zu Jüngern') ‚das ewige Leben' zu vermitteln, daß sie Anteil am Leben Gottes erhalten!** ...

Der Mißbrauch des Missionsauftrages Christi z. B. für Zwekke der Bereicherung, der persönlichen Profilierung oder aus reinem Machtstreben stellt schlimme und folgenschwere Entgleisungen dar.

Der bewußte und willentliche Verzicht auf die christliche Mission hat - sachlich betrachtet - noch katastrophalere Folgen. Wenn in der heutigen Zeit im Namen der viel gepriesenen Religionsfreiheit ... und der angeblichen Menschenfreundlichkeit die **Gleichmacherei aller Konfessionen und sogar aller Religionen** auch **von der sogenannten ‚katholischen' Amtskirche massiv betrieben** wird ... , dann schneidet man die nichtchristlichen Völker gänzlich von der Möglichkeit ab, an der von Christus vollbrachten Erlösung, an Seinem göttlichen ‚Leben' Anteil zu bekommen! Der **Verzicht auf die christliche Mission** stellt somit - religiös gesehen - **eines der größten Verbrechen** dar, **das begangen werden kann!**" [43]

„**Die Kirche des II. Vatikanums, Johannes Paul II. (mit seinen Vorgängern Johannes XXIII., Paul VI. und Johannes Paul I.) und die Bischöfe des II. Vatikanums, haben durch ihr ‚ordentliches, allgemeines Lehramt' ganz klar die Irrtümer der Religionsfreiheit, des falschen Ökumenismus und religiösen Indifferentismus verbreitet. Dies waren in den letzten 40 Jahren ununterbrochen [!] die Themen der Konzilskirche!** ...

---

[43] Der Missionsauftrag, P. Eugen Rissling; http://www.arbeitskreis-katholischer-glaube.de

Wie könnte die katholische Kirche in der hl. Messe ohne Unterbrechung das unblutige Opfer von Kalvaria erneuern und es dann plötzlich durch ein Lutherisches ‚Andenken an das letzte Abendmahl' ersetzen? Wie könnte die katholische Kirche in ihrer Gesetzgebung so streng gegen die Glaubensvermischung und den gegenseitigen Kommunionempfang (mit den Protestanten - Anm.) und damit gegen die Förderung des religiösen Indifferentismus vorgehen und dann plötzlich diese Gesetze abschaffen und die entsprechenden Handlungen erlauben? Sollen wir annehmen, daß der Heilige Geist, der Geist der Wahrheit, plötzlich seine Meinung geändert und Widersprüche im Glauben, in der Messe und den allgemeinen Gesetzen der Kirche erlaubt hat? Sollen wir annehmen, daß Christus plötzlich Seine Kirche im Stich gelassen und sie in Irrtum und Häresie hat fallen lassen?

Wie dem auch sei, es ist doch hauptsächlich diese Frage der Unfehlbarkeit, die diejenigen spaltet, die sich selbst traditionalistische Katholiken nennen. Manche von ihnen verwerfen **den Irrtum des falschen Ökumenismus und der Religionsfreiheit des 2. Vatikanischen Konzils, das neue protestantische Gedächtnismahl - den Novus Ordo Missae - und die Häresien des neuen Kodex des Kanonischen Rechts (1983)** und bestehen dennoch darauf, daß die Autoren eben derselben Irrtümer noch immer Christi Stellvertreter hier auf Erden seien. In Wirklichkeit sagen sie also, das lebendige Lehramt der Kirche habe geirrt und die Mehrzahl der Katholiken in den Irrtum geführt und fahre fort zu irren. Eine solche Schlußfolgerung bedeutet nichts anderes, als die Unfehlbarkeit der Kirche zu leugnen. Es kann kein Zweifel bestehen, daß die Konzilskirche geirrt hat. Nicht nur im Jahre 1965, als das II. Vatikanum abgeschlossen wurde, sondern auch während der vergangenen 30 Jahre in ihrem ordentlichen, allgemeinen Lehramt. **Wie kann es noch klarer sein - diese Konzilskirche ist nicht die katholische Kirche",** stellt Bischof Mark A. Pivarunas auf einer im Sommer 2002 in Mexiko gehaltenen Priesterkonferenz fest.[44]

---

[44] CMRI, Über die Vakanz des Apostolischen Stuhles; http://www.arbeitskreis-katholischer-glaube.de/texte/pivarunas/vakanz.htm

Diese Erkenntnis bestätigte übrigens schon **Jean Guitton**, ein **Freund von Anti-Papst Paul VI.**, gegenüber seiner Sekretärin Michèle Reboul: **„Die katholische Kirche ist tot seit dem ersten Tag des II. Vatikanischen Konzils. Sie hat der ökumenischen Kirche Platz gemacht. Sie dürfte sich nicht mehr katholisch, sondern müßte sich ökumenisch nennen.“** [45]

„Kardinal“ Joseph Ratzinger[46] läßt gleichfalls nicht den geringsten Zweifel am neuen Charakter des Vatikans: „Wenn man nach einer Gesamtdiagnose für den Text [**Vatikanum 2**, Gaudium et Spes] sucht, könnte man sagen, daß er (in Verbindung mit den **Texten über Religionsfreiheit** [Dignitatis humanae] **und über die Weltreligionen** [Nostra aetate]) eine Revision des Syllabus Pius' IX., eine Art Gegensyllabus darstellt (Anm.: Papst Clemens VIII. [1592-1605] nannte die Religionsfreiheit „das Schlimmste in der Welt“!). ... Begnügen wir uns hier mit der Feststellung, daß der Text die Rolle eines Gegensyllabus spielt und insofern den **Versuch einer offiziellen Versöhnung der Kirche mit der seit 1789** [Beginn der Französischen Revolution] **gewordenen neuen Zeit darstellt“.**

Und das, obwohl führende Freimaurer zu Zeiten der unsäglichen Französischen Revolution aus ihren boshaften Absichten nie einen Hehl machten, wie das Beispiel Voltaire[47] zeigt: **„Die christliche Religion ist eine niederträchtige Religion, eine widerwärtige Hydra, die durch hundert unsichtbare Hände zerstört werden muß.** Es ist notwendig, daß Philosophen durch die Straßen jagen, um sie zu vernichten. Laßt uns den elenden Wicht [Anm.: hiermit gemeint ist kein geringerer als Jesus Christus!] zerschmettern!“

Es gibt keinen Zweifel mehr, daß der Vatikan seit der **Regentschaft von Johannes XXIII.** unter dem unheilvollen Banner der Eine-Weltler marschiert: „„Da aber heute das allgemeine Wohl der Völker Fragen aufwirft, die alle Nationen der Welt

---

[45] zit. nach Johannes Rothkranz, Katholikenverfolgung durch die Konzilskirche, S. 103

[46] Theologische Prinzipienlehre. Bausteine zur Fundamentaltheologie, München 1982, S. 398f; zit. nach http://prhl.crosswinds.net/index.html - Die ursprüngliche Seite der Domain www.katholisch.de

[47] zit. nach Lt. Col. Gordon "Jack" Mohr, AUS Ret., The Hidden Power Behind Freemasonry, S. 95; Herv. v. Verf.

betreffen, und da diese Fragen nur durch **eine politische Gewalt** geklärt werden können, deren Macht und Organisation und deren Mittel einen dementsprechenden Umfang haben müssen, **deren Wirksamkeit sich somit über den ganzen Erdkreis erstrecken muß, so folgt um der sittlichen Ordnung willen zwingend, daß eine weltweite politische Gewalt eingesetzt werden muß.'** 40 Jahre sind vergangen, seit Papst Johannes XXIII. (1958-1963) diese Worte schrieb. Seine Enzyklika 'Pacem in terris' (Frieden auf Erden) vom 11. April 1963 ist das letzte Lehrschreiben, das der damals schon todkranke Papst als politisches Testament für die Menschheit veröffentlichte. ...

Als **erste Enzyklika der Kirchengeschichte** wurde 'Pacem in terris' denn auch nicht nur an die Hierarchie und die Gläubigen der katholischen Kirche, sondern an **'alle Menschen guten Willens'** adressiert. Ausdrücklich sprach sich der Papst für einen **Dialog zwischen Katholiken und Nichtkatholiken** im Interesse des Friedens aus. **Erstmals entwickelte ein Papst eine umfassende Vision für die neue Weltordnung [!] nach dem Ende der Nachkriegszeit.**"[48]

(Anm.: „Pacem in terris" wurde selbst von den Oberen der Loge als „freimaurerisches Dokument" gepriesen. So erfahren wir in der Dokumentation „Has Rome become the Seat of the Antichrist?" des Benediktiners Michael Dimond über die Lobpreisung des päpstlichen Rundschreibens im offiziellen Organ der 33-Grad-Freimaurer aus Mexiko, dem „Masonic Bulletin": „Das Licht des Großen Baumeisters aller Welten erleuchtet den Vatikan: Die Enzyklika *Pacem in terris* ist eine kraftvolle Darlegung der freimaurerischen Doktrin; wir zögern nicht, deren aufmerksames Studium zu empfehlen.")

Wie seine unmittelbaren Vorgänger ist auch Karol Wojtyla alias Anti-Papst Johannes Paul II. kein Oberhaupt der Katholiken, sondern sogar der schlimmste Häretiker aller Zeiten, wobei **Häresie offenes, bewußtes und hartnäckiges Festhalten an einer mit dem Dogma der Kirche in Widerspruch stehenden Lehre oder offener Zweifel an einer ka-**

---

[48] Fuldaer Zeitung, 29.3.03; Herv. v. Verf.

tholischen Lehre ist, mit oder ohne Übertritt zu einer anderen christlichen Religionsgemeinschaft.

Eine ganze Reihe Heiliger der katholischen Kirche bestätigen, daß Wojtyla infolgedessen kein rechtmäßiger Papst und damit nicht das Oberhaupt der Katholiken sein kann: „Der hl. Franz von Sales (1567-1622), Bischof und Kirchenlehrer, sagte: ‚Wenn der Papst explizit Häretiker ist, verliert er ipso facto (Anm.: „selbsttätig eintretend") seine Würde und die Mitgliedschaft in der Kirche ...'.

Der hl. Robert Bellarmin sagte: ‚Ein Papst, der offensichtlich Häretiker ist, hört automatisch auf, Papst und Haupt zu sein, wie er automatisch aufhört, Christ und Glied der Kirche zu sein. Deshalb kann er von der Kirche gerichtet und bestraft werden. Das ist die Lehre aller alten Väter, die lehren, daß offenkundige Häretiker unverzüglich alle Jurisdiktion verlieren.'

Der hl. Alfons, Bischof und Kirchenlehrer, sagte: ‚Wenn je ein Papst als eine Privatperson in Häresie fallen sollte, sollte er sofort das Pontifikat verlieren. Sollte Gott aber zulassen, daß ein Papst ein offenkundiger und unbelehrbarer Häretiker wird, so würde er dadurch aufhören, Papst zu sein, und der Apostolische Stuhl wäre vakant.'

Der hl. Antonius sagte: ‚Im Falle, ein Papst würde Häretiker, so würde er durch diese Tatsache und ohne jeglichen anderen Richterspruch von der Kirche getrennt sein. Ein Haupt, das vom Körper getrennt ist, kann, solange es getrennt ist, nicht Haupt desselben Körpers sein, von welchem es abgeschlagen wurde.'

Auf dem 1. Vatikanischen Konzil wurde ebenfalls von einem Kardinal die Frage aufgeworfen: ‚Was ist zu tun, wenn der Papst Häretiker wird?' Die Antwort war: ‚ ... das Konzil der Bischöfe könnte ihn wegen Häresie absetzen, denn vom Augenblick, da er Häretiker wird, ist er nicht das Haupt, nicht einmal ein Glied der Kirche. Die Kirche wäre nicht für einen Moment verpflichtet, auf ihn zu hören, wenn er anfängt, etwas zu lehren, wovon die Kirche weiß, daß es falsch ist, und er würde aufhören, Papst zu sein, da er von Gott selber abgesetzt ist. **Wenn der Papst beispielsweise sagen sollte, der Glaube an Gott sei falsch, wäre man nicht verpflichtet, ihm zu** glauben, ebenso wenn er den Rest des Glaubensbekenntnisses leugnen würde: «Ich glaube an Jesus Christus usw.» Diese Annahme ist der Idee an sich nach von Nachteil für den Heiligen Vater, zeigt aber, daß dieser Punkt voll überlegt und jede Möglichkeit bedacht wurde. **Wenn er irgendein Dogma der Kirche leugnet, welches von jedem wahren Gläubigen angenommen wird, dann ist er nicht mehr Papst als Sie und ich.'** (aus: The Life and Work of Pope Leo XIII von Dr. theol. James J. McGovern, S. 241)." [49]

Papst Leo XIII. hat in seiner Enzyklika „De unitate ecclesiae - Satis cognitum (Von der Einheit der Kirche)" aus dem Jahre 1896 über die praktische Aufgabe von Glaubenswahrheiten geurteilt: „So hat es die Kirche immer gehalten, und zwar nach dem einstimmigen Urteil der Väter: Jeder, der auch nur im geringsten [!] von der Lehre des beglaubigten Lehramts abwich, wurde als der katholischen Gemeinschaft verlustig und als von der Kirche abgefallen angesehen." [50]

Auch wenn das viele Konzilskatholiken nicht gerne hören möchten: **Karol Wojtyla** alias Anti-Papst Johannes Paul II. **hat** unter anderem **in seinen „Enzykliken** (Lehrschreiben) ,Redemptor hominis', ,Dives in misericordia' und ,Dominum et Vivificantem' Lehraussagen gemacht, die mit der katholischen Glaubenslehre absolut unvereinbar sind** ... Darüber hinaus hat er in gleicher Weise durch das sogenannte Gebetstreffen mit den offiziellen Vertretern aller (falschen) Religionen in Assisi 1986 und seither weiter an zahlreichen Orten durch praktische Gleichstellung des katholischen Glaubens mit praktisch allen falschen Religionslehren **den wahren Dreifaltigen Gott, den wahren katholischen Glauben und die katholische Kirche verraten. Diese falschen Religionen werden dadurch von der Konzilskirche und ihrem Leiter als zwar andersartige, im Grunde aber als doch wirkliche Wege zu Gott offiziell anerkannt;** anstatt aber die falschen Religionen dadurch wirklich zu Heils-Wegen umgestalten zu können, ist die Konzilskirche auf diese Weise selbst zu einer

---

[49] Bischof Mark A. Pivarunas, CMRI, Über die Vakanz des Apostolischen Stuhles; http://www.arbeitskreis-katholischer-glaube.de/texte/pivarunas/vakanz.htm; Herv. v. Verf.

[50] zit. nach ATHANASIUS: Der Glaubensabfall in der katholischen Kirche und die Verdrängung des heiligen Meßopfers; http://link-athanasius.de/dokumente/glaubensabfall/glaubensabfall.html

falschen Religion geworden, den anderen gleich. Und wie können Gläubige meinen, dieses Ärgernis berühre sie nicht, das müsse, wenn schon, eben derjenige verantworten, der das so gesagt hat? Nein! **Wer Wojtyla mit seinem Klerus folgt und sich damit deren geistlicher Führung in der Konzilskirche unterstellt, der hat auch Anteil an deren Sünden gegen den katholischen Glauben**, am Glaubensabfall und den daraus folgenden Kirchenstrafen, wie Papst Leo XIII. ... feststellt und so, wie es schon der heilige Apostel Johannes, der Lieblingsjünger Jesu in seinem 2. Brief, Verse 7-11 erklärt hat:

‚Viele Irrlehrer sind in die Welt ausgezogen. Sie leugnen, daß Jesus Christus im Fleische erschienen ist. So einer ist der Verführer und Antichrist. Seht zu, daß ihr nicht verliert, was ihr schon erreicht habt, sondern daß ihr den vollen Lohn empfangt. Wer sich darüber wegsetzt und der Lehre Christi nicht treu bleibt, besitzt Gott nicht. Wer aber der Lehre treu bleibt, besitzt den Vater und den Sohn. Kommt einer zu euch, der nicht so lehrt, so nehmt ihn nicht ins Haus auf und entbietet ihm auch nicht den Gruß. Wer ihm den Gruß entbietet, macht sich an seinem bösen Treiben **mitschuldig.**‘ ...

Es ist offensichtlich, daß nur ein verschwindend geringes Häuflein von Katholiken sich diesem Glaubensabfall nachhaltig widersetzt und bis heute am bisherigen Glauben und Glaubensvollzug festgehalten hat.“ [51]

Ganz anders natürlich die Darstellung in den offiziellen Massen(verdummungs)medien - Presse, Rundfunk und Fernsehen - hierzu: „Manche, vor allem ältere Katholiken denken etwas wehmütig an die ‚alte lateinische Messe‘ nach den Vorgaben des Tridentinums, die Papst Pius V. (1504 bis 1572) als Missale Romanum herausgegeben hatte. Dabei sind zwei Gruppen zu beobachten: Die eine bemüht sich, diese liturgische Form zu erhalten; sie möchte in der katholischen Kirche [sic!] beheimatet bleiben und keineswegs den Gehorsam gegenüber Rom und dem Konzil (1962 bis 1965) aufkündigen. Deshalb

---

[51] ATHANASIUS: Der Glaubensabfall in der katholischen Kiche und die Verdrängung des heiligen Meßopfers; http://link-athanasius.de/dokumente/glaubensabfall/glaubensabfall.html; Herv. v. Verf.

erbittet sie Ausnahmegenehmigungen, die zum Beispiel auch in [der Bischofsstadt] Fulda erteilt wurden.

Eine andere instrumentalisiert diesen Ritus in bewußter Abkehr von Rom, dokumentiert ihren Bruch mit dem Papst [sic!] und dem Zweiten Vatikanum. Dazu zählt vor allem die ,Priesterbruderschaft Pius X.'. Bei ihr zeigt sich ganz klar eine gegnerische Grundhaltung.

Der französische Erzbischof Marcel Lefebvre (1905 bis 1991) gründete sie 1970, weil er die Konzilsbeschlüsse ablehnte, obwohl er die Dokumente unterschrieben hatte. ,Neo-modernistisch und neo-protestantisch' nannte er die Reformen [Anm.: völlig zurecht!]. **Die nach der Liturgiereform völlig neu [!] gestaltete Eucharistiefeier, die Papst Paul VI. (1897 bis 1978) gebilligt hatte, enthalte, so Lefebvre, ,ein für den Glauben schädliches Gift'.** ...

Dezidiert verweigerte Lefebvre die Verbindung zum Papst und wurde schließlich suspendiert. Dennoch weihte er unerlaubt Priester, die automatisch suspendiert sind. Nachdem er 1988 gegen den Willen und ohne Genehmigung des Vatikans auch noch Bischöfe geweiht hatte, wurde er exkommuniziert, wie auch die von ihm geweihten Bischöfe. Der Riß war unübersehbar, die Abspaltung besiegelt.

Die Priesterbruderschaft Pius X., die inzwischen Niederlassungen in vielen Teilen der Welt unterhält - die erste entstand im schweizerischen Econe (Kanton Wallis) - **kann als häretisch** und schismatisch **bezeichnet werden, als Sekte, die nicht mehr zur katholischen Kirche gehört. Wer also die Gottesdienste dieser Gruppierung mitfeiert, befindet sich nicht in Übereinstimmung mit der römisch-katholischen Kirche.** Leider ist die schmerzliche Trennung wohl endgültig", beklagte die „Fuldaer Zeitung" am 17. Juli 2004 (Herv. v. Verf.).

Anstatt darauf hinzuweisen, daß kein geringerer als Anti-Papst Johannes Paul II. höchstpersönlich *schon seit Jahrzehnten* zahlreiche Häresien verbreitet, die sich mit dem katholischen Glauben *in keinster Weise* in Einklang bringen lassen, wird so getan als seien diejenigen Katholiken, die an der überlieferten Lehre festhalten, Häretiker. Darüber hinaus kann die konzilskirchliche Geistlichkeit selbstverständlich niemanden exkommunizieren, da *sie selbst* exkommuniziert ist! (Wie in so vielen anderen Fällen in der heutigen Zeit wird die Wahrheit hier einfach auf den Kopf gestellt und es erfüllt sich die Prophezeiung Daniels: „Kein Frevler versteht es, die Einsichtigen aber verstehen es" [Dan 12, 10]!)

Richten wir unser Augenmerk jetzt aber auf das heilige Meßopfer und untersuchen wir, welche außergewöhnliche Stellung dieses Ritual im katholischen Glauben überhaupt einnimmt:

„Das Opfer wird entsprechend der katholischen Theologie durch Jesus Christus dargebracht, der sich des Priesters bedient. Deshalb spricht der Priester an Christi statt die Einsetzungsworte ‚Das ist mein Leib' und ‚Das ist mein Blut'. **Nach katholischem Verständnis entspricht das Meßopfer in unblutiger Weise dem Kreuzesopfer**, das Christus für die Menschen dargebracht hat, für die Vergebung der Sünden. Er teilt dadurch die selben Gnaden aus: **der Empfang der Eucharistie vermehrt die Liebe Gottes, bewahrt dadurch vor der Anhänglichkeit an die Sünde und bewirkt die Vergebung läßlicher Sünden.** Somit bleibt Christi Kreuzesopfer durch die Geschichte hindurch in seiner Gemeinde lebendig und wirksam, jeder Mensch kann seinem Opfer beiwohnen."[52]

In der Eucharistiefeier erfährt die Gemeinde im „Rahmen der Messe die **ewig gewährte Gemeinschaft mit dem auferstandenen und verklärten Christus** und sagt dafür Dank. Dieser Gedanke wird jedoch als zweitrangig angesehen, die präzise Lehre des Konzils von Trient sagt dazu:

> *Wer sagt, in der Messe werde Gott nicht ein wirkliches und eigentliches Opfer dargebracht, oder die Opferhandlung bestehe in nichts anderem, als daß uns Christus zur Speise gereicht werde: der sei (aus der Kirche) ausgeschlossen.*

Indem das in der Kirche vereinte Volk Gottes beim Mahl des Herrn den Leib Christi empfängt, wird es selbst zum ‚Leib Christi'."[53]

„Nach katholischer Lehre sind bei der Eucharistie ‚Leib und Blut Christi wahrhaft, wesentlich und wirklich ge-

---

[52] Eucharistie - Wikipedia; http://de.wikipedia.org/wiki/Eucharistie; Herv. v. Verf.
[53] ebd.

genwärtig' (Realpräsenz). Durch das vom Priester gesprochene eucharistische Hochgebet, speziell durch die Epiklese (Anrufung des heiligen Geistes) und die Konsekrationsworte, vollzieht sich die geheimnisvolle Wesensverwandlung von Brot und Wein zum Leib und Blut Christi. Da Jesu Auftrag, Brot und Wein zu seinem Gedächtnis zu teilen, an die Apostel erging, kann die Konsekration nach katholischer Auffassung nur von geweihten Priestern gültig vollzogen werden, da nur diese Nachfolger der Apostel sind. ...

Für die katholische Kirche ist also in der konsekrierten Hostie Jesus real gegenwärtig und bleibt es auch nach der eigentlichen Opferfeier, weshalb die Hostien im Tabernakel verschlossen und auch als Repräsentation Jesu angebetet werden. ...

Für die katholische Theologie besteht kein Widerspruch zwischen der Tatsache, daß es sich beim Brot und Wein der Eucharistie der Gestalt nach weiter um Brot und Wein handelt, und dem Glauben, daß die letzte, eigentliche Wirklichkeit des eucharistischen Brots und Weins der wirklich gegenwärtige Christus ist. In der traditionellen Sprache der katholischen Theologie: **Die Akzidentien (Eigenschaften)** *sind* **Brot und Wein, die Substanz, das Wesen** *ist* **der Leib und das Blut Christi. Christus ist unter den** *Gestalten* **von Brot und Wein wahrhaft gegenwärtig.**" [54]

Der Tabernakel (lateinisch *tabernaculum* „Hütte, Zelt") ist in der katholischen Kirche die „Bezeichnung für den Aufbewahrungsort der eucharistischen Brotsgestalt, die als der Leib Christi verehrt wird (,das Allerheiligste').

Der Name ist eine Erinnerung an das ‚Offenbarungszelt' ... des Alten Testaments, die in der lateinischen Bibel *tabernaculum testimonii* heißt. In ihr wurden die Gebotstafeln Moses' (als Allerheiligstes) aufbewahrt.

Zugleich ist das Wort eine Vorwegnahme des ‚himmlischen Jerusalem' ... , das als ‚Wohnung Gottes bei den Menschen' ... bezeichnet wird (Offb 21, 3)." [55]

---

[54] ebd.
[55] Tabernakel - Wikipedia; http://de.wikipedia.org/wiki/Tabernakel

An der überragenden Bedeutung der eucharistischen Meßfeier besteht kein Zweifel, wie viele bedeutende Theologen seit jeher dargelegt haben:

„**Die hl. Messe** übertrifft die anderen Opfer unermeßlich, weil sie nicht bloß eine Vorstellung, sondern **das Werk unserer Erlösung** ist, voll von Geheimnissen und wirklich vollbracht." [56]

„Was am Kreuze ein **Opfer der Erlösung** war, das ist in der hl. Messe ein Opfer der Zueignung, durch welches der Wert und die Kraft des Kreuzesopfers einem jeden Menschen besonders zugeeignet wird." [57]

„**Dieses Schlachtopfer bewahrt die Seelen in besonderer Weise vor dem ewigen Untergang,** indem es den Tod des eingeborenen Sohnes Gottes durch dieses heilsame Geheimnis darstellt", so der hl. Papst Gregor d. Große. [58]

„Wenn **Christus** auf dem Altare geschlachtet wird, ruft er zu seinem Vater und zeigt ihm seine Wunden, auf daß er **die Menschen durch sein eifriges Bitten vor der ewigen Strafe bewahre**", sagte Laurentius Justiniani. [59]

„So wahr als **Christus** am Kreuze hangend allen, welche ihn erwartet haben, Verzeihung der Sünden erwirkt hat, ebenso wahr **erwirkt** er **unter den Gestalten des Brotes und Weines** dieselbe **Verzeihung der Sünden**", stellte Abt Rupertus [60] fest.

Das heilige Meßopfer ist also der kostbarste Schatz, der der Kirche und ihren Gläubigen von Jesus Christus anvertraut worden ist! „Ihn gilt es unversehrt und treu zu wahren, auch wenn wir heute vor dem Unfaßbaren, ja Ungeheuerlichen stehen, daß diese altehrwürdige Meßfeier zum großen Teil in ein Trümmerfeld verwandelt worden ist. Dies wurde erreicht durch die gewaltsame, radikale Neuordnung der römischen Liturgie, eine Neuordnung, die den Namen *Revolution* verdient. Man hat den *ritus modernus* fabriziert, der niemals ,die natürliche und legitime Entwicklung der abendländischen Li-

---

[56] Molina, zit. nach Erklärung des heiligen Meßopfers, S. 114; Herv. v. Verf.

[57] ein christlicher Geisteslehrer; zit. nach Erklärung des heiligen Meßopfers, S. 119; Herv. v. Verf.

[58] zit. nach Erklärung des heiligen Meßopfers, S. 126; Herv. v. Verf.

[59] ebd. S. 102; Herv. v. Verf.

[60] ebd. S. 128; Herv. v. Verf.

turgie' darstellt, wie manche Neuerer zu behaupten pflegen (So z. B. Prof. Rennings; vgl. UVK, Heft 5, 1976, S. 298).

Dagegen hat P. Gelineau SJ, einer der Köpfe der Reformbewegung, diese radikale Neuordnung der römischen Liturgie ganz offen bestätigt, wenn er in seinem Buche ‚Die Liturgie von morgen' triumphierend schreibt: *‚Jene, die wie ich noch das lateinisch und gregorianisch gesungene Hochamt zelebriert haben, mögen sich daran erinnern, wenn sie noch können. Sie mögen die heutige Messe nach dem Vatikanum II damit vergleichen. Nicht nur die Worte, die Melodien, die Gesten sind anders; es handelt sich um eine andere [!] Meßliturgie. Man muß es ohne Umschweife aussprechen: der römische Ritus, so wie wir ihn gekannt haben, existiert nicht mehr. Er ist zerstört! Mauern des ursprünglichen Gebäudes sind gefallen ... das heute wie eine Ruine aussieht ... die Liturgie ist eine beständige Baustelle'* (S. 11; zit. aus UNA VOCE KORRESPONDENZ, Heft 6; Nov. / Dez. 1979, Seite 377)." [61]

Was heute auch nur die allerwenigsten wissen: Das heilige Opfer steht in unmittelbarem Zusammenhang mit dem Ende der Welt, denn unser Herr und Erlöser gibt in der sogenannten Eschatologierede deutliche Antworten auf die Frage: „Sag uns, wann wird das sein, und was ist das Zeichen für deine Ankunft und für das Ende der Welt?" (Mt 24, 3) Darauf Christus: „Wenn ihr nun ‚den Greuel der Verwüstung', vorhergesagt durch den Propheten Daniel (9, 27; 12, 11), stehen seht, ‚an heiliger Stätte' - wer es liest, bedenke es wohl!" ... (Mt 24, 15)

Christus bestätigt und bezeugt Daniel als einen authentischen Propheten. Er sagt, man solle, wenn man denkt, man befinde sich in den letzten Tagen, das kanonische Buch Daniel lesen, das für die Katholiken beinhaltet, was die Protestanten willkürlich ausschließen und als „Ergänzungen zu Daniel" bezeichnen.

In Daniel 9, 27 heißt es unter anderem: Er (gemeint ist der Antichrist) werde das „Schlacht- und Speiseopfer" unterdrücken, „und über den Altarrand steht der Greuel des Verwüsters". Daniel 12, 11 spricht ebenfalls von der „Beseitigung des tägli-

---

[61] Über die Zerstörung des alten Meßritus, http://www.fatima.ch/Seite63.htm

chen Opfers" und der „Aufstellung des Greuels des Verwüsters".

Der „**Greuel der Verwüstung**" ist also ein **Zeichen der letzten Tage** und fähig, gesehen zu werden. Daß er am „Heiligen Ort" - an „Heiliger Stätte" - stehen wird, läßt darauf schließen, daß er sich im katholischen Altarraum befindet, wo ihn in der Tat alle (Konzils-)Katholiken und Besucher der ehemals katholischen Gotteshäuser sehen können (näheres hierzu siehe auch in meinem im Verlag Anton A. Schmid erschienenen Buch: „Die Entschlüsselung der Apokalypse" - Teil 1, S. 16-26!).

Aus der Heiligen Schrift wissen wir jedenfalls auch, daß der Prophet Daniel mindestens zwei Zeitspannen prophezeite, die den „Greuel der Verwüstung" beinhalten würden; eine zur Zeit der Makkabäer und die andere in den letzten Tagen der Menschheitsgeschichte.

„Die Makkabäer waren jüdische Freiheitskämpfer gegen die Unterdrückung durch die Dynastie der Seleukiden. Sie begründeten das königliche und hohepriesterliche Geschlecht der Hasmonäer und erkämpften für fast einhundert Jahre (165 v. Chr. bis 63 v. Chr.) die jüdische Unabhängigkeit. Das Königreich konnte bis zur Eroberung Jerusalems durch Pompeius (63 v. Chr.) seine Unabhängigkeit bewahren. Die königliche Dynastie fand 37 v. Chr. mit der Einnahme Jerusalems durch Herodes ihr Ende.

165 v. Chr. führte Judas mit dem Beinamen Makkabäus (von aramäisch *Makkaba*, der Hammer) einen Aufstand gegen die seleuzidische Herrschaft über Palästina an. Nach seinem militärischen Sieg zog er in Jerusalem ein, ließ den entweihten Tempel reinigen und einen neuen Altar errichten und einweihen.

Diese Altarweihe wird seit diesem Zeitpunkt jedes Jahr an Chanukka für acht Tage gefeiert.

Die Geschichte der Makkabäer wird in den vier deuterokanonischen bzw. apokryphen alttestamentlichen Büchern 1. Mak-

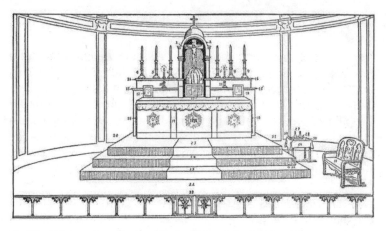

Ein Schaubild des wahren Altars, an dem das Heilige Opfer der Messe zelebriert wird. „Müht euch nicht um die vergängliche Speise, sondern um die Speise, die anhält zu ewigem Leben" (Joh 6,27), fordert unser Herr und Erlöser einen jeden von uns eindringlich auf. Der Gottessohn läßt an der Wichtigkeit der heiligen Messe keinen Zweifel: „Wahrlich, wahrlich, ich sage euch: Wenn ihr das Fleisch des Menschensohnes nicht esset und sein Blut nicht trinket, habt ihr nicht Leben in euch. **Wer mein Fleisch ißt und mein Blut trinkt, hat ewiges Leben, und ich werde ihn auferwecken am Jüngsten Tage.** *Denn mein Fleisch ist eine wahre Speise, und mein Blut ist ein wahrer Trank" (Joh 6,53ff).*

Die katholische Messe ist geheimnisvoll, majestätisch, verehrungswürdig und heilig. Sie ist das Werk unserer Erlösung und preist Jesus Christus, den „König der Könige und Herr der Herren" (Offb 19,16)!

(Quellenhinweise: Oben: http://www.truecatholic.org/massitems.htm; Unten links: http://www.novusordowatch.org/mass.htm; Unten rechts: http://religion-cults.com/art/christ-king.html)

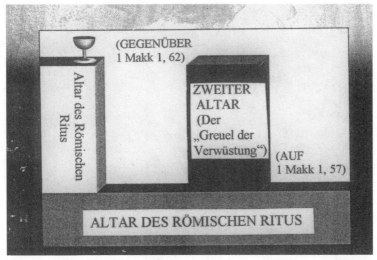

Die Abschaffung des immerwährenden Opfers (d.h. der katholischen Messe) und die Aufstellung des „Greuels der Verwüstung" in den „Kirchen" der Konzilssekte sind die wichtigsten Ereignisse, die der Wiederkunft Christi unmittelbar vorausgehen sollen. Dabei kann man sich den Altar des Römischen Ritus wie den Buchstaben „L" vorstellen, auf dem ganz links der Hochaltar steht, während der Raum davor - die langgezogene Linie - als „Heilige Stätte" durch die Altarschranke vom Rest der Kirche abgetrennt wird. Laut 1 Makkabäer 1,57 sollte der zweite (falsche!) Altar „auf" und laut 1 Makkabäer 1,62 „gegenüber" dem wahren Altar stehen - genau dort wurde schon vor Jahrzehnten der Novus-Ordo-Altar aufgestellt!

Der von Rom nach dem Zweiten Vatikanischen Konzil eingeführte falsche Altar befindet sich sowohl „auf" dem wahren Altar (links sieht man den Rest der Altarschranke) als auch „gegenüber" dem Altar des Römischen Ritus (dem Hochaltar). Dieses Photo zeigt den Lob- und Dank"gottes"dienst für Konzilspfarrer Gerhard Benzing, der am 1. Oktober 2003 sein 30jähriges Ortsjubiläum in Flieden, einer Gemeinde in der Nähe von Fulda, beging. Er steht mit elf Konzelebranten am „Greuel der Verwüstung".

(Quellenhinweise: Oben: A Voice Crying in the Wilderness, Ausgabe Nr. 2, Rückseite; Unten: Fuldaer Zeitung, 6.10.03)

57

Links: Dieser Blick von der Empore der (konzils-)katholischen Kirche St. Peter und Paul in Hosenfeld (einer Gemeinde in der Nähe von Fulda) zeigt, daß der „Altar" der Neuen Messe in der Tat „auf" und „gegenüber" dem wahren Altar Gottes steht.

Rechts: In der Pfarrkirche St. Laurentius der in der Rhön gelegenen Gemeinde Kleinsassen sieht man, wie die Altarschranke (die in vielen modernen „Kirchen" entfernt wurde!) den „Heiligen Ort" vom Rest der Kirche abtrennt. Dort trifft man auf den heidnischen konzilskirchlichen Altar.

.

(Quellenhinweise: Oben: Fuldaer Zeitung, 25.1.03; Unten: ebd. 25.6.02)

Links: Der vor Jahrtausenden für die Endzeit angekündigte „Greuel der Verwüstung" ist heute unter uns (hier der Haupt„altar" der Kirche von Zitters in der thüringischen Rhön).

Rechts: Der „Greuel der Verwüstung" im Rottenburger Dom.

(Quellenhinweise: Oben: Fuldaer Zeitung, 10.6.02; Unten: ebd. 12.4.03)

*Konzilskatholiken sollten sich gut überlegen, ob sie der heidnischen Novus-Ordo-Messe weiterhin beiwohnen wollen, geht doch bereits aus dem Alten Testament hervor, was unser Vater im Himmel von falschen Opfern hält: „Die Aaronssöhne Nadab und Abihu aber nahmen ihre Feuerbecken, taten Feuer hinein, legten Räucherwerk darauf und **brachten so vor dem Herrn ein ungehöriges Feueropfer dar, das er ihnen nicht geboten hatte. Da ging Feuer vom Herrn aus und verzehrte sie; so starben sie vor dem Herrn"** (Lev 10, 1f).*

Nicht der Tanz ums Goldene Kalb, sondern der Tanz um den heidnischen Altar der Neuen Messe, auf dem Gott ein falsches Opfer gereicht wird. „Anmutige Bewegungen und Schritte beim liturgischen Tanz der Franziskanischen Gemeinschaft in der [Fuldaer] Michaelskirche" schreibt die „Fuldaer Zeitung"* zu dieser lächerlichen Veranstaltung, die ein bezeichnendes Licht auf das Wesen der Konzilskirche wirft.

(Quellenhinweise: Oben: Fuldaer Zeitung, 10.6.02; Unten: ebd. 12.1.04; *: 10.6.02)

Wer eine konzilskatholische Veranstaltung wie diese, wo sogar eine Kaffeekanne (!) zum Einsatz kommt, für eine „heilige Messe" hält, sollte sich schnellstens auf seinen geistigen Gesundheitszustand untersuchen lassen!

Brot und Wein - Oblaten und Abendmahlskelche auf dem „Altar" der evangelischen Erlöserkirche in Bamberg. „Die Teilnahme von Katholiken am evangelischen Abendmahl ist nach den Worten des Tübinger katholischen Theologen Bernd-Jochen Hilberath keine 'schwere Sünde'. Der Einzelne könne sich in seinem Gewissen zu etwas verpflichtet fühlen, das offiziell anders geregelt sei, sagte der Direktor des Ökumenischen Instituts in Tübingen im Südwestrundfunk (SWR). Hilberath plädierte dafür, katholischen und evangelischen Christen die wechselseitige Teilnahme an Eucharistie und Abendmahl zu empfehlen." Tatsächlich besteht zwischen dem evangelischen und dem konzilskatholischen „Gottes"dienst kein großer Unterschied mehr, da unserem Schöpfer bei der Neuen Messe ebenfalls „Brot und Wein", und damit kein wahres Opfer mehr dargeboten wird.*

(Quellenhinweise: Oben: http://prhl.crosswinds.net/kaffee.jpg; Unten: Fuldaer Zeitung, 25.1.03; *: ebd. 12.4.03)

*Links: Ein bezeichnendes Photo von Anti-Papst Johannes Paul II., der während seiner Reise nach Belgien im Jahre 1985 mit einer Karnevalsmaske posierte. Ein Pontifikat, das darauf bedacht ist, die Welt zum Lachen zu bringen, ist nur eine der schlimmen Folgen des Zweiten Vatikanischen Konzils. Dieses Konzil kam zu dem Ergebnis, daß sich die „Kirche" in erster Linie nicht der **Anbetung Gottes** widmen, sondern stattdessen darauf bedacht sein sollte, **die Menschen** zufriedenzustellen. Rechts: Anstatt die Würde des Leidens unseres Herrn und Erlösers zu verkörpern, schielt Karol Wojtyla auf diesem Photo vom Januar 1979 auf lächerliche Art und Weise, um seine Zuschauer zu belustigen.*

Am 14. Mai 1999 schreckte Schein-Papst Johannes Paul II. nicht einmal davor zurück, den Koran zu küssen, obwohl dieses islamische Buch in 204 Suren-Versen die „Ungläubigen" mit der Verfolgung bedroht. (Bereits der hl. Thomas von Aquin schrieb in **Summa Theologica**, Teil II, Q. 12, A. 1, Obj. 2: „ ... sollte irgendjemand ... am Grab des Mahomet beten, würde er als vom Glauben abgefallen betrachtet werden.") Rechts: Vor einigen Jahren entzündete „Kardinal" Joseph Ratzinger im Vatikan den siebenarmigen Leuchter des Judentums; die konzilskirchliche Obrigkeit mag ja alles mögliche sein - Katholiken, die den Glauben Christi besitzen und ihn verkünden, sind es jedenfalls nicht!*

(Quellenhinweise: Oben links: http://www.traditioninaction.org/RevolutionPhotos/A108rcWojtyla-Mask.htm; Oben rechts: http://www.traditioninaction.org/RevolutionPhotos/A035rcComicPope2.htm; Unten links: http://www.mostholyfamilymonastery.com/a_voice_crying_in_the_wilderness.html; Unten rechts: ebd.; *: Manfred Jacobs, So erobert der Islam Europa, S.36)

In vielen „Kirchen" der Konzilssekte gibt es nicht einmal mehr einen Hochaltar. Man trifft dort nur noch den Betonklotz der Neuen Messe an.

Der „Greuel der Verwüstung" in der konzilskatholischen Kirche „St. Alphonsus Rodriguez" in Woodstock, im US-Bundesstaat Maryland.

(Quellenhinweise: Oben: http://www.aciprensa.com/arte/matisse/images/altar.jpg; Unten: http://-www.maryland-us.com/church/alter6.jpg)

63

So zelebrierten Katholiken in der vorkonziliaren Kirche die hl. Messe gemäß dem Römischen Ritus. Das „Konzil von Trient" erklärte hierzu: „Weil aber durch den Tod Sein Priestertum nicht ausgelöscht werden sollte, so wollte ER (Anm.: Jesus Christus) beim letzten Mahle in der Nacht des Verrates Seiner geliebten Braut, der Kirche, ein sichtbares Opfer hinterlassen, ... in dem jenes blutige Opfer, das einmal am Kreuze dargebracht werden sollte, dargestellt, Sein Andenken bis zum Ende der Zeiten bewahrt und Seine heilbringende Kraft zur Vergebung der Sünden, die wir täglich begehen, zugewandt werden sollte" (D 938).*

Links: Der Blick ins Innere dieser katholischen Kirche vermittelt einen Eindruck, wie die Gotteshäuser vor den „Reformen" des Zweiten Vatikanischen Konzils ausgesehen haben, bevor der nackte Betonsilo der Neuen Messe auf dem Altarraum aufgerichtet wurde. Rechts: Durch Sein Sterben am Kreuz brachte Jesus Christus das Opfer der Erlösung dar, das in jeder (wahren!) katholischen Messe unblutig erneuert wird. In gleicher Weise liefert uns Seine Auferstehung von den Toten (hier ein Bildnis Seiner Himmelfahrt) die Gewißheit, daß auch wir dereinst mit unseren eigenen (verklärten) Körpern auferstehen werden.

(Quellenhinweise: Oben links: http://www.realnews247.com/altar_comparison_pictorial_only.htm; Oben rechts: http://www.novusordowatch.org/mass.htm; Unten links: http://www.realnews247.com/altar_comparison_pictorial_only.htm; Unten rechts: http://www.truecatholic.org/pix/glory1.jpg; *; zit. nach Konzil von Trient und Hl. Meßopfer; http://www.fatima.ch/Seite63.htm)

*Photos von der Feier der Neuen Messe, wie sie von Anti-Papst Paul VI. am Grün-
donnerstag (!), dem 3. April 1969 eingeführt wurde (oben ein „Gottes"dienst, der am
24. September 2002 die Herbstvollversammlung der konzilskatholischen Deutschen
Bischofskonferenz eröffnete). Der Novus Ordo Missae zeichnet sich in erster Linie
durch einen zweiten Altar aus, auf dem Mahlfeiern nach protestantischem Vorbild
gehalten werden. Auch führt der Priester die (nur scheinbare!) Wandlung nicht mehr
vor dem Hochaltar durch, sondern wendet sich dabei den dem „Gottes"dienst bei-
wohnenden Menschen zu. Tatsache ist: „Der neue Ritus der hl. Messe dient als sog.
Trojanisches Pferd, mit dem die Verwässerung des Glaubens in die Reihen der katholischen Gläubigen hineingetragen werden soll. Dr. Klaus Gamber, Professor für
Liturgie in Regensburg, schreibt: ‚Der Ritus romanus (Anm.: gemeint ist der alte
Ritus der hl. Messe) ist gegenwärtig der Fels in der Brandung des Unglaubens. Das
wissen die Neuerer sehr gut. Darum auch der blinde Haß gegen die «Tridentinische
Messe». Ihre Erhaltung ist keine Frage der Ästhetik, sondern des Lebens der Kirche'
(UVK, Heft 5, 1976, S. 301)."**

(Quellenhinweise: Oben: Fuldaer Zeitung, 25.9.02; Unten: ebd. 10.6.02; *:
http://www.fatima.ch/Seite63.htm)

*Der Blick ins Innere von Freimaurerlogen wie sie seit Jahrhunderten einge-
richtet sind. Auf diesen Photos sieht man einen „Altar", der dem der Neuen
Messe in der Konzilskirche verblüffend gleicht. (Die beiden unteren Photos
stammen aus der „Masonic Mountain View Lodge 194" im US-Bundesstaat
Kalifornien.)*

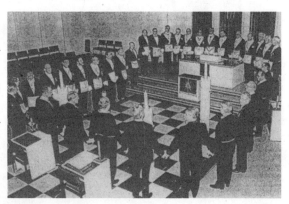

*Mitglieder einer
Freimaurerloge
händchenhaltend
in ihrem okkulten
Versammlungs-
raum. (Die Bru-
derkette dieser
bereits seit Jahr-
hunderten exi-
stierenden Ge-
heimgesellschaft,
in der vorwie-
gend einflußrei-
che Leute [u.a.
Politiker, Richter, Staatsanwälte, Journalisten, Geschäftsleute und Ärzte]
anzutreffen sind, umspannt den ganzen Globus.)*

(Quellenhinweise: Photos oben und Mitte: http://www.realnews247.com/altar_comparison_-
pictorial_only.htm; Unten: Juan Maler, Bankrott!, S.91)

66

*Links: Am 20. Juni 2004 weihte der Fuldaer Konzilsbischof Heinz Josef Algermissen gemeinsam mit einigen anderen „Geistlichen" den neuen „Altar" - einen nackten Betonklotz! - in der St.-Wilhelm-Kirche in Wolferts, einer kleinen Gemeinde in der Rhön, ein. Rechts oben die Pfarrkirche „St. Hugo" in Michigan, rechts unten „St. Jude" in Radford, im US-Bundesstaat Virginia. Beide Photos offenbaren das diabolische Ziel, ehemals katholische Kirchen in regelrechte Freimaurer-Tempel umzugestalten. Diese architektonischen Veränderungen sind bezeichnend für die Veränderungen, die **allen** Bereichen des katholischen Glaubens auferlegt wurden, unter anderem der Liturgie. (Man beachte auch, daß der Tabernakel verschwunden ist!)*

*Den antigöttlichen Altar der Neuen Messe - der entsprechend den Prophezeiungen des Alten Testaments „auf" (1 Makk 1, 57) und „gegenüber" (1 Makk 1, 62) dem wahren Altar Gottes aufgestellt werden sollte - könnte man durchaus als einen „Luthertisch" bezeichnen, da in der konziliaren „Eucharistiefeier" Gott nicht mehr ein wirkliches und eigentliches Opfer dargebracht wird, sondern es sich hierbei lediglich um ein Erinnerungsmahl an den vorgeblich bloßen Menschen Jesus von Nazareth handelt. Deshalb stellt der nachkonziliare „Gottes"dienst auch einen **Greuel** in den Augen Gottes dar.*

(Quellenhinweise: Oben links: Fuldaer Zeitung, 21.6.04; 2 Photos oben rechts: http://www.realnews247.com/altar_comparison_pictorial_only.htm; Unten: Fuldaer Zeitung, 21.12.02)

Anglikanische Kirchen, wie sie vor Jahrhunderten konstituiert wurden - nachdem Thomas Cranmer dem Ehebrecher und Ehefrau-Mörder König Heinrich VIII. dabei geholfen hatte, in England die römisch-katholische Kirche durch die anglikanische Kirche zu ersetzen -, weisen ebenfalls eine frappierende Ähnlichkeit mit den **Novus-Ordo**-Kirchen des Zweiten Vatikanischen Konzils auf: auch sie haben einen „Altar", der dem seit 1969 in den ehemals katholischen Gotteshäusern anzutreffenden Betonklotz gleicht. (Das linke Photo stammt aus der anglikanischen Kirche in Colorado Springs, im US-Bundesstaat Colorado, und das rechte aus der anglikanischen Kirche in Lichfield, England.)

Links: Eine katholische Kirche im Übergang vom „traditionellen Katholizismus" zum „freimaurerischen Ökumenismus": Man beachte den Tisch, der im Jahre 1969, als Paul VI. die Neue Messe bekanntgab, auf unelegante Weise in der Mitte des Altarraums, (vor dem katholischen Hochaltar!) aufgestellt wurde. Ein ganz ähnliches Objekt trifft man in den Logen der Freimaurerei an. Rechts: Wie in den **Novus-Ordo**-Kirchen befindet sich auch im okkulten Meditationsraum der satanischen Vereinten Nationen ein Steinaltar, auf dem Götzen gehuldigt werden kann.

(Quellenhinweise: 2 Photos oben: http://www.realnews247.com/altar_comparison_pictorial_only.-htm; Unten links: ebd.; Unten rechts: Robert Keith Spenser, The Cult of the All-Seeing Eye, S.6)

Manche Photos sagen mehr als tausend Worte! Links: Dieser „Altar" befindet sich in der „Good Shepherd Catholic Community", einer konzilskatholischen Kirche im US-Bundesstaat Texas. Rechts ist der geschmacklose Tabernakel dieser „Kirche".

Links: Eine „künstlerische" Darbietung im Altarraum einer Novus-Ordo-Kirche in den USA (ohne Kommentar!). Rechts: Ein neuer Höhepunkt konzilskirchlicher Gotteslästerung: Der Picknickkorb-Tabernakel, der sich in der „Eucharistischen Kapelle" der „Catholic Campus Ministry" in Springfield, im US-Bundesstaat Missouri, befindet.

(Quellenhinweise: Oben links: http://www.novusordowatch.org/archive2004-02.htm; Oben rechts: http://www.gscc.net/eucharistichChapel.html; Unten links: http://www.novusordowatch.org/archive-2003-06.htm; Unten rechts: http://www.novusordowatch.org/archive2003-07.htm)

kabäer, 2. Makkabäer, 3. Makkabäer und 4. Makkabäer dargestellt." [62]

Die für die Endzeit prophezeite „Beseitigung des täglichen
Opfers" und Aufrichtung des „Greuels der Verwüstung" mit
dem einhergehenden Abfall vom wahren Glauben ähnelt dem
vor Jahrtausenden vorangegangenen Ereignis in frappierender
Weise: „Seit 175 vor Christus setzte unter dem Nachfolger
Alexanders des Großen, Antiochus IV. Epiphanes, eine rigide
Religionspolitik ein, und die Beschneidung wurde ebenso verboten wie den Juden die Zumutung von Schweinefleisch auf
dem Tempelberg abverlangt wurde. **Die Frommen wehrten
sich dagegen und gerieten über Kreuz mit denen, die mit
der Zeit gehen wollten** [Anm.: Exakt das gleiche erleben wir
heute, wo die wenigen glaubenstreuen Katholiken vom mächtigen Apparat der Konzilssekte bekämpft werden!] und sich
als Freunde der griechischen Kultur, als Hellenisten, verstan-
den. In einem kleinen Dorf bei Jerusalem sorgte der Priester
Mattatias für das Signal zum Aufstand, als er einen Juden nie-
derstach, der **den heidnischen Götzen opfern** wollte, **um
dem Zeitgeist Tribut zu zollen.**

Das seleukidische Weltreich im Großraum Syrien reagierte
mit harter militärischer Gewalt, unterlag aber zur Überra-
schung der Aufständischen. 165 vor Christus zogen die Rebel-
len in **den geschändeten Jerusalemer Tempel** ein und fanden dort nur ein Öllämpchen vor, das zur Verwunderung aller
acht Tage lang brannte. Andere Legenden berichten davon,
daß im Tempel acht Speere standen, die zu Fackeln umfunk-
tioniert wurden - analog dem ‚Schwerter zu Pflugscharen' des
Propheten Jesaja. Ein Sieg des Lichts über die Finsternis." [63]

In gleicher Weise werden schon seit Jahrzehnten die ehemals
katholischen Gotteshäuser geschändet, indem in ihnen das
heilige Meßopfer abgeschafft und der Altar der Neuen Messe
- der „Greuel der Verwüstung" - aufgerichtet wurde, auf dem
ebenfalls heidnischen Götzen geopfert wird. Und kein „Geistlicher" wagt es, gegen diese Abscheulichkeit seine Stimme zu
erheben, weil auch sie alle dem Zeitgeist Tribut zollen wollen.

---

[62] http://de.wikipedia.org/wiki/Makkabäer
[63] Fuldaer Zeitung, 30.11.02

(Anm.: Eigentlich müßten *also gerade Juden* die überdeutlichen Parallelen zwischen dem alten und dem neuzeitlichen *Greuel der Verwüstung* und damit die Verläßlichkeit des katholischen Glaubens erkennen! Sie müßten zu der Erkenntnis gelangen, daß der von Jesus Christus am Kreuz geschlossene Neue Bund in der Tat auf den Mosaismus - *nicht* den Talmudismus! - zurückgeht, und sich infolgedessen aufrichtig zum Katholizismus bekehren, um auf diese Weise ihre unsterbliche Seele vor der ewigen Verdammnis zu bewahren.)

Tatsächlich ist die vor Jahrtausenden (!) für die letzten Tage prophezeite, weitgehende Abschaffung des immerwährenden Opfers der Hauptgrund für den traurigen Zustand, in dem sich unsere *ganze* Gesellschaft heute befindet, denn wenn „beim Menschen die Bindung nach oben verlorengeht, wenn er die gesunde Orientierung an dem unveränderlichen und für alle gültigen göttlichen Gebot aufgibt, dann verirrt er sich fast notwendig in den Niederungen der menschlichen Schlechtigkeit. So darf es uns heute eigentlich auch nicht wundern, wenn der menschliche Geist unter anderem auch Gerichtsurteile produziert, die in bestimmten Fällen zwar die Meinung der Bevölkerungsmehrheit widerspiegeln mögen, dennoch aber nach genuinem christlichen Verständnis einen Greuel in den Augen Gottes darstellen und somit auch von Christen alles andere als akzeptiert oder sogar gutgeheißen werden dürfen! So wurde zum Beispiel in der Vergangenheit ‚im Namen des Volkes' die christliche Ehe als die unauflösliche Lebensgemeinschaft zwischen einem Mann und einer Frau nach und nach vernichtet**. Immer leichter ist es juristisch geworden, sich scheiden zu lassen, **immer ‚unproblematischer'** **wurde die 2., 3. und jede weitere Ehe** in der Gesellschaft angesehen (was auch von der Gesetzgebung abhängt), bis sie heute schon fast zum guten Ton gehört.

Und jüngst wurde vom obersten deutschen Gericht erklärt, das Gesetz der rot-grünen Schröder-Regierung über **die sogenannte eingetragene Partnerschaft homosexueller Paare** sei **nicht verfassungswidrig**. Wenn der Gesetzgeber als solcher die Ehe schützen will und soll, dann darf er alle eheähnlichen und an die Ehe erinnernden, aber im Geiste des Gesetzes dennoch nicht-ehelichen Verbindungen auch nicht gestatten und fördern!

Sogar der **jährlich hunderttausendfache Mord an ungeborenen Kindern im Mutterleib** wird nun seitens der Politik und praktisch auch seitens der Gerichte - **ebenfalls ‚im Namen des Volkes'** - **gutgeheißen**, wobei man sich nicht selten darauf beruft, daß die Abtreibung (heute offiziell: Schwangerschaftsabbruch) bei der Mehrheit der Bevölkerung nicht mehr als etwas Unrechtes oder Anstößiges gilt. So weit sind wir also schon gekommen!

Und was folgt morgen unter Berufung auf das (vermeintliche oder auch tatsächliche) Dafürhalten der Bevölkerungsmehrheit? Etwa die aktuellen holländischen **Euthanasiegesetze**, wonach Ärzte bei einem unheilbar kranken Patienten auf sein Verlangen hin das Leben aktiv beenden dürfen? Oder wird vielleicht in der Zukunft das Leben alter Menschen auch ohne ihr Einverständnis (wenn sie etwa nicht mehr ansprechbar sein sollten) ausgelöscht werden dürfen, sollte dies von der demokratischen Mehrheit ‚abgesegnet' werden? Oder **wird es vielleicht in nicht allzu ferner Zukunft Wunsch der Masse, traditionell katholische Christen in ihrer Religionsausübung zu behindern und sie massiv zu verfolgen, weil sie sich nicht dem liberalistisch-freimaurerischen Weltbild beugen und in diesem antichristlichen System mitmachen wollen?** Ist denn diese Vorstellung wirklich so utopisch?" [64]

Keineswegs, wenn man sich betrachtet, was mit dem „umstrittenen" designierten EU-Justizkommissar Buttiglione geschehen ist, der den Abgeordneten des Europa-Parlamentes Mitte Oktober 2004 vorgeworfen hat, „mit einer ‚anti-christlichen Haß-Kampagne' gegen ihn vorzugehen.

Die Parlamentarier wollten seine Nominierung wegen seines Glaubens verhindern, sagte der Italiener der Tageszeitung ‚Corriere della Sera'. ‚Alles, was ich sage, wird falsch ausgelegt', beklagte der [Konzils-]Katholik.

---

[64] Demokratie - wirklich in allem ein Segen?; http://www.arbeitskreis-katholischer-glaube.de; Herv. v. Verf.

Buttiglione hatte Homosexualität als ‚Sünde' ... bezeichnet."[65] (Anm.: Aus katholischer Sicht handelt es sich dabei sogar um eine **Todsünde**, die mit der Hölle bestraft wird!)

„Der italienische Christdemokrat Rocco Buttiglione sieht nach seiner Ablehnung durch einen Ausschuß des EU-Parlaments die **Gefahr einer prinzipiellen Kriminalisierung von Katholiken**.

‚Christen haben ein Recht, Christen zu sein', sagte Buttiglione am Dienstag [12. Oktober 2004] in Radio Vatikan.

Er kritisierte, man verlange **ein Glaubensbekenntnis zur ‚moralischen Positivität der Homosexualität'**."[66]

Nicht nur das: Während Katholiken unentwegt diffamiert und mundtot gemacht werden, breitet sich zur gleichen Zeit der offene Satanismus in einer Reihe europäischer Ländern immer weiter aus, wie man unlängst am 25. Oktober 2004 erfahren mußte: „**Auf den Schiffen der britischen Royal Navy darf nun Satanismus praktiziert werden**. Da die Marine **keine Religion diskriminieren** [!] will, bekam ein 24 Jahre alter Techniker eine Genehmigung zur Ausübung seines Glaubens. Der Mann ist bekennender Satanist.

Jetzt habe er **das Recht, satanische Meinungen zu äußern**, ohne Vorurteile [?!?] befürchten zu müssen, sagte er. Er muß nicht länger an christlichen Zeremonien teilnehmen und bekommt stattdessen etwas **Platz zur Ausübung satanischer Riten**."[67] (In was für einem „Europa" leben wir eigentlich?!)

Ganz anders verhält es sich indes mit der Einstellung des Staates gegenüber Eltern, die ihre Kinder vor der aus dem Ruder laufenden sittlichen und moralischen Verkommenheit der Gesellschaft bewahren möchten, wie ein Fall aus Deutschland vom Oktober 2004 zeigt: „In Bayern müssen **mehrere Eltern-Paare einer bibeltreuen Sekte ins Gefängnis**, weil sie sich weigern, ihre Kinder in staatlich anerkannte Schulen zu schikken.

Die Staatsanwaltschaft Augsburg bestätigte gestern [Anm.: am 8. Oktober 2004], daß zunächst gegen sieben Familienväter

---

[65] ARD-Text, 17.10.04, S. 125

[66] ZDFtext, 12.10.04, S. 126; Herv. v. Verf.

[67] RTLtext, 25.10.04, S. 129; Herv. v. Verf.

der Religionsgemeinschaft ,Zwölf Stämme' Erzwingungshaft angeordnet wurde und kommende Woche vollstreckt werden soll. Die Eltern weigerten sich, Buß- und Zwangsgelder zu bezahlen, die sich inzwischen auf mehrere 100 000 Euro summierten. Gegen die Väter wurden Haftstrafen zwischen 6 und 16 Tagen verhängt. **Zeitungsberichten zufolge sollen auch sechs Mütter der Familien Vorladungen zum Haftantritt erhalten.** ,Wir vollstrecken immer nur gegen ein Elternteil, damit der Erziehungsauftrag gewährleistet werden kann' [Anm.: wie gnädig aber auch!], sagte Oberstaatsanwalt Hans-Jürgen Kolb.

Das Verwaltungsgericht Augsburg hatte bereits vor zwei Jahren entschieden, daß der von den Eltern propagierte Heimunterricht dem staatlichen Bildungsauftrag widerspreche. **Die Sekte hatte damals argumentiert, sie wolle die damals 17 Kinder ,nach der Bibel erziehen und von der Welt unbefleckt halten'.**" [68] (Man sollte bedenken, daß in den USA, die in Deutschland gemeinhin als großes Vorbild gelten, der Heimunterricht gang und gäbe ist!)

Der „Kurier der Christlichen Mitte" [69] gibt über die Situation in Deutschland zu bedenken: „Vor 30 Jahren wurde die Sexualkunde als Pflichtfach an den Schulen eingeführt. ,Sachlich' und ,naturwissenschaftlich neutral' sollten die Schüler aufgeklärt werden, um sich ,verantwortungsbewußt entscheiden zu können.' Was ist daraus geworden?

In zahlreichen Fällen Verführung zu sittenlosem Sex, Frühabtreibung und Unglück.

Heute werden Forderungen nach **Homokunde** in allen [!] Schulen von Politikern **aller** [!] Parteien erhoben.

Ihr Ziel: Homosexualität soll sich als ,natürliche Variante' der Sexualität, als der Heterosexualität gleichwertig, in das Bewußtsein der Schüler und deutschen ,Gesellschaft' einnisten.

Das gehört zur Strategie der international organisierten Homolobby, die schon jetzt erreicht hat, daß die Mehrheit der Deutschen an die Irrlehre glaubt, homosexuelles Begehren sei angeboren. Zahlreiche Jugendliche sind bereits Opfer dieser

---

[68] Fuldaer Zeitung, 9.10.04; Herv. v. Verf.

[69] Kurier der Christlichen Mitte, November 2004

74

Verführung: ‚Bin ich auch so veranlagt? Ja, ich bin es. Also stehe ich dazu!'

Daß homosexuelles bzw. lesbisches Begehren nicht angeboren ist, wird durch zahlreiche wissenschaftliche Arbeiten belegt und durch die Erfahrungen von Seelsorgern und Therapeuten, daß homosexuelle Verirrung heilbar [!] ist.

Aufklärung an den Schulen tut not, Aufklärung über das wahre Wesen der Homosexualität als Neurose, Verführung und Affront gegen das 6. göttliche Gebot: ‚**Du sollst nicht Unkeuschheit treiben!**'"

Es gilt, die Menschen über die seelischen und körperlichen Gefahren der Homosexualität in Kenntnis zu setzen, die in Sex-Sucht, psychischen Störungen oder Krankheiten, wie Hepatitis C, münden können.

Und damit nicht genug: Es muß darauf hingewiesen werden, daß an der Umsetzung der sexuellen Revolution Siegmund Freuds in den Vereinigten Staaten Satanisten (!) an führender Stelle mitgewirkt haben. „Der moderne Satanismus stammt jedoch aus England, von wo aus er um 1914 nach Amerika hinüberdrang, als [der führende Satanist und Hochgradfreimaurer] Aleister Crowley (1875-1947) sich für kurze Zeit dort aufhielt. Crowleys 1904 veröffentlichtes *Buch des Gesetzes*, das zur Bibel des modernen Satanismus wurde, enthält alle seine wesentlichen ‚Botschaften'. Crowley selbst versteht sich als Prophet einer Neuen Zeit (New Age), das er das Zeitalter des Horus [Anm.: Satans!] nennt.

Die alten ‚Sklavenreligionen', das Christentum, aber auch der Islam und der Buddhismus, sollen in diesem Zeitalter von Crowleys neuer Religion hinweggefegt werden [Anm.: Hält man sich vor Augen, daß auf den Schiffen der britischen Royal Navy nunmehr ungestört Satanismus praktiziert werden darf, sieht man, daß Crowleys Ziel in greifbare Nähe gerückt ist!]. Das moralische Prinzip der Neuen Zeit sei die **absolute Selbstverwirklichung**, denn ‚jeder Mann und jede Frau sind wie ein Stern, der sich unabhängig von den anderen entwickelt und entfaltet ... Tue, was Du willst, soll das ganze Gesetz sein. Denn Du hast kein anderes Recht, als Deinen Willen auszuführen ... Denn der Welt Sünde ist die Zurückhaltung.' ...

Crowley greift besonders jenen Aspekt der ... christlichen Morallehre an, wonach Sexualität nur ein Mittel der Liebe und der Fortpflanzung sei. Crowley erhebt die Sexualität zum Selbstwert. Sie solle ausschließlich dem egoistischen Genuß des Individuums dienen. Sexualität und das rücksichtslose Ausleben der eigenen Triebregungen sollen das grundlegende Prinzip des Neuen Zeitalters sein.

Crowleys System schreibt dem Adepten eine Reihe okkulter und körperlicher Übungen vor, die darauf abzielen, die von der bürgerlichen Moral aufgebauten **Scham- und Ekelgefühle zu beseitigen.** In fast allen Übungen spielen dabei **mehr oder weniger perverse Sexualpraktiken** eine wichtige Rolle. **Zum Beispiel soll auch die Abneigung gegen Homosexualität gebrochen werden.** In einem eigens als Hauptquartier des Ordens eingerichteten ‚Kloster Thelema' in Cefalu auf Sizilien sollen schon in den zwanziger Jahren sexuelle Magie und Tieropfer zelebriert worden sein." [70] (Daß die „Abneigung gegen Homosexualität" *gerade in Deutschland* längst gebrochen wurde, zeigt eine repräsentative Meldung des „Kurier der Christlichen Mitte" vom Dezember 2004: „Seit dem Jahr 2002 wirbt die Stadt Köln um homosexuelle Touristen aus aller Welt. Im November 2004 gab Köln die ‚rosa Stadtkarte' heraus, die Homosexuellen Vergünstigungen für Museums-Besuche und Restaurants anbietet. Mit dieser rosa Karte haben Homos und Lesben auch freie Fahrt in Bussen und Straßenbahnen. Zusätzlich will Köln den schwul-lesbischen Stadtführer aktualisieren.")

Ungeheuerlich also, daß im „modernen" Deutschland der Staat exakt die gleichen Ziele zu verfolgen scheint, wie führende Satanisten (etwa durch Forderungen nach einer „Homokunde" in allen Schulen von „Politikern aller Parteien"). Wer sich indes darüber noch wundert, sollte bloß den kabbalistischen Zahlenwert des Wortes „Deutschland" errechnen, um zu sehen in was für einem Land er lebt: Nach dem kabbalistischen Sechser-Alphabet (A = 6, B = 12, C = 12, D = 24 usw.) ergibt die Buchstabenfolge D E U T S C H L A N D die Zahlenwerte 24, 30, 126, 120, 114, 18, 48, 72, 6, 84 und 24. Addiert man diese Werte, erhält man die Satanszahl 666! (Zum

---

[70] Carol Greene, Der Fall Charles Manson - Mörder aus der Retorte, S. 182f

Vergleich: „Deutsches Reich" ergibt den „harmlosen" Wert 882!)

Vielsagend ist in diesem Zusammenhang auch, daß auf der Rückseite von deutschen Personalausweisen ein Motiv zu erkennen ist, das eine verblüffende Ähnlichkeit mit dem Dämon der Wollust des alten Ägypten namens Baphomet hat. Dieser wird als eine ziegenköpfige Gestalt mit Flügeln und Brüsten, die ein Symbol für den Teufel ist, beschrieben.

(Interessierte können hierzu gerne beim Verlag Anton A. Schmid ein entsprechendes Flugblatt gratis anfordern!)

Und wie verhält es sich mit der Bundesfahne, die zufälligerweise (?) aus den Farben *schwarz*, *rot* und *gold* besteht? Haben diese Farben etwa einen tieferen Sinn? Schließlich erklärte eine ehemalige Hohepriesterin des Satanismus in Deutschland vor vielen Jahren, daß dies exakt die Farben des Teufels sind: Schwarz, weil der Teufel der Herr der Dunkelheit, rot, weil der Teufel der Herr des Blutes, und gold, weil der Teufel der Herr der Materie (des Goldes) sein soll. (Leute, die diese ganzen Zusammenhänge erkannt haben, sehen sich mit der Frage konfrontiert, ob die Macht über die deutschen Parteien, und damit über die Politik an sich, nicht längst in den Händen okkulter Teufelsanbeter liegt!)

Tatsache ist: Nicht nur wird Deutschland *seit Jahrzehnten* systematisch ruiniert (Hinweis: Eine Fülle von Beweisen für diese Behauptung liefere ich in meinem im Verlag Anton A. Schmid erschienenen Buch „Die Liquidierung Deutschlands"!), eine Reihe von Indizien sprechen dafür, daß unser Vaterland regelrecht dem Bösen geweiht wurde, was ein entscheidender Grund sein kann, weshalb der sittlich-moralische Verfall unserer Gesellschaft stetig zunimmt.

In dieses Bild paßt also, daß Eltern, die ihre Kinder lediglich vor einem völlig säkularisierten (= antichristlichen!) Schulwesen bewahren wollen, wie Kriminelle behandelt und ins Gefängnis gesperrt werden. Dabei sollte es für uns keine Rolle spielen, daß diese Leute - deren Gemeinschaft als „Sekte" abgetan wird - keine Katholiken sind und damit auch nicht „bibeltreu" sein können.

Beachten wir nämlich, wer in der heutigen Zeit ebenfalls als „Sekte" bezeichnet wird: „Die Reformen Pauls VI., insbeson-

77

dere die Liturgiereform im Anschluß an das Zweite Vatikanische Konzil, führten zur Abspaltung der traditionalistischen Bewegung um den Erzbischof Marcel Lefebvre, die bis heute andauert, und auch zu einer kleinen **Sekte von Sedisvakantisten.**" [71] Gut möglich, daß die Mitglieder dieser „Sekte" ebenfalls eines (nicht allzu fernen!) Tages von der (unter freimaurerischer Regie agierenden) Staatsgewalt verfolgt und ins Gefängnis gesperrt werden!

Wie dem auch sei, es ist eine Tatsache, daß, obwohl im Vatikan seit mehr als einem Vierteljahrhundert ein Mann die Zügel der Macht fest umschlungen hält, der von vielen als „Heiliger" und „beste Person auf Erden" bezeichnet wird, sich das Antichristentum in *ganz* Europa immer weiter ausbreitet.

Dabei empfing Karol Wojtyla während seiner mehr als 26jährigen Regentschaft als Johannes Paul II. viele hochrangige Politiker, hätte also durchaus die Möglichkeit gehabt, den katholischen Glauben zu verteidigen und sogar zu festigen.

Er hat **„426 Staatsoberhäupter und Könige sowie 187 Premierminister in Sonderaudienzen [!] empfangen.** Zudem sprach er mit **190 Außenministern** und begegnete **624 Botschaftern** zu deren Antrittsbesuch, wie die vatikanische Präfektur am Mittwoch [dem 13. Oktober 2004] zum bevorstehenden Pontifikats-Jahrestag [am 16. Oktober] mitteilte.

In den ersten zehn Monaten 2004 kamen demnach mehr als 1,5 Millionen zu Begegnungen mit dem Papst in den Vatikan oder nach Castel Gandolfo. Darunter waren 387 100 Teilnehmer der Generalaudienzen, die Johannes Paul II. jeden Mittwoch in der Nervi-Halle oder auf dem Petersplatz gibt. 617 000 Gläubige kamen nach Angaben der Präfektur zum Angelus-Gebet am Sonntagsmittag." [72]

Vergessen wir nicht, daß Wojtyla für seine „Verdienste" um die Einheit Europas am 24. März 2004 mit dem freimaurerischen Außerordentlichen Karlspreis ausgezeichnet wurde. Diesen nahm er bei einem Festakt im Vatikan entgegen.

„Sie verkörpern wie keine [!] andere Persönlichkeit die europäischen Werte von Gleichheit und Brüderlichkeit",

---

[71] http://de.wikipedia.org/wiki/Paul_VI._(Papst

[72] Fuldaer Zeitung, 16.10.04; Herv. v. Verf.

sagte Aachens Oberbürgermeister Jürgen Linden laut Redetext seinerzeit. „Das Karlspreisdirektorium hatte im Januar beschlossen, neben der normalen Auszeichnung ... erstmals einen außerordentlichen Preis zu verleihen. Zur Begründung hieß es, **der Papst** sei **ein herausragender Europäer**, der die europäischen Werte lebe, die von der Antike bis heute entwickelt worden seien.

Er habe immer wieder deutlich gemacht, daß Europa nicht nur eine wirtschaftliche und politische Einheit werden dürfe, sondern auch die kulturellen Werte zu fördern habe. Zudem habe der Papst wie kaum einer seiner Vorgänger den interreligiösen Dialog [!!!] gefördert. Durch seine Haltung und sein Auftreten habe er maßgeblich dazu beigetragen, daß der Eiserne Vorhang gefallen und der Kalte Krieg beendet worden sei.

Der Papst sagte, er wünsche sich ein Europa ohne selbstsüchtige Nationalismen", hieß es in der „Fuldaer Zeitung" am 25. März 2004 (Herv. v. Verf.).

Scheinpapst Johannes Paul II. tritt nicht nur offen für die satanische „Eine Welt" ein, in der es keine souveränen Länder und eigenständigen Völker mehr geben soll, sondern verabscheut den katholischen Glauben zutiefst. Und genau deshalb dominiert in Wojtylas freimaurerischem Europa längst das Abartige, Antichristliche und Tyrannische!

Unter diesem Gesichtspunkt überrascht es auch nicht, daß er schon seit Jahrzehnten ausgezeichnete Beziehungen zu Sozialisten und Kommunisten aller Couleur unterhält, was beim 26. Jahrestag seines Scheinpontifikats erneut deutlich wurde: „**Zu seinem 26jährigen Dienstjubiläum** darf sich **Papst Johannes Paul II.** auf ein ungewöhnliches Ständchen freuen: Der **Chor der russischen Roten Armee** [!] gibt am 15. Oktober [2004] **ein Sonderkonzert** für das Oberhaupt der Katholiken. Ironie der Geschichte: Der Papst gilt als eine der Schlüsselfiguren beim Zusammenbruch der Sowjetunion.

In den 80er Jahren hatte er die Gewerkschaft ‚Solidarnosc' in seiner Heimat Polen unterstützt. Lech Walesas [vermeintliche!] Oppositionsbewegung war im Ostblock [angeblich!] ein gefährliches Novum." [73]

Auch mit dem nachchristlichen Judentum versteht sich Karol Wojtyla prächtig. Dabei üben Talmudisten auf die Konzilssekte derart Einfluß aus, daß sich diese Institution unentwegt für deren Interessen einspannen läßt, so etwa bei der Bekämpfung traditioneller Katholiken: „Die katholische Diözese Augsburg will dem Verlag ‚Pro fide Catholica' [Anm.: der Verlag heißt „Anton A. Schmid"; das *Glaubensbekenntnis* hingegen lautet: „Für den katholischen Glauben"] verbieten lassen, sich katholisch zu nennen. Der Verlag [Anm.: in dem auch das vorliegende Buch erschienen ist!] will das Urteil anfechten. Die Begründung: Der Verlag verbreite Bücher, die aus der Sicht der Diözese Augsburg nicht katholisch sind. Der Prozeßvertreter der Diözese Augsburg, ein Herr Binder, gab in der Verhandlung zu, daß die Diözese Augsburg gar nicht so sehr daran interessiert sei, die Verbreitung der Bücher des Verlag ‚Pro fide Catholica' zu verbieten, sondern daß **der „Jüdische Council' die Diözese auf das Lieferprogramm dieses Verlages hingewiesen und sich entrüstet gezeigt** habe, **daß Katholiken solche Thesen wie der Verlag ‚Pro fide Catholica' verbreiten.** Immer wieder sei die Diözese Augsburg von Außenstehenden (d.h. von Nicht-Katholiken, gemeint sind sicher Juden) darauf angesprochen worden, wie solche Bücher, wie die von diesem Verlag, verbreitet werden dürften. Mit anderen Worten: **Weil die Juden keine rechtliche Handhabe fanden, die Bücher des Verlag ‚Pro fide Catholica' zu verbieten, spannten sie die Diözese Augsburg für sich ein, welche das Namensrecht mißbrauchte, um Zensur auszuüben",** so die „Politischen Hintergrundinformationen" Anfang 2004. [74]

Daß durch eine „Diözese" ausgerechnet jener Verlag mundtot gemacht werden soll, der als einer der ganz wenigen im deutschsprachigen Raum noch für die Verbreitung der unverfälschten Glaubenslehre Christi eintritt, spricht bereits Bände. Wie sehr aber *unsere ganze* Gesellschaft mittlerweile von einem antichristlichen Geist durchdrungen ist, zeigt das Jahr **2003,** das angeblich das **„Jahr der Bibel"** war. Es „wurde

---

[73] Kabel 1, 3.10.04, S. 114; Herv. v. Verf.
[74] Deutschlanddienst, Nr. 1-2 / 2004, S. 2; Herv. v. Verf.

80

zwar vom Arbeitskreis christlicher Kirchen erfunden, aber es **wurde nur von den großen Medien zum Anlaß genommen gegen die Kirchen zu hetzen,** jedoch nicht von den Kirchen, um für die Bibel und das Christentum zu werben. Es gab Veranstaltungen wie ‚Die Bibel als Weltkulturerbe', eine ‚Bibel-Entdecker-Tour', einen ‚Bibel-Marathon'. Oberflächlichkeit! Da fehlte nur das Verteilen von Kugelschreibern und von Werbekalendern mit dem Bild von Jesus oder der Bibel. Die Medien diskutierten, daß man **die Bibel von Antisemitismus [sic!] und von Frauenfeindlichkeit [sic!] säubern** müsse. **Der ‚Spiegel' schrieb anläßlich des Jahrs der Bibel von einer ‚Erfindung Gottes' und der ‚stern' schrieb, Jesus sei von seinen Jüngern mit einem Trick zum Sohn Gottes gemacht worden. Die Kirche setzte dem allen nichts entgegen und erschien völlig unvorbereitet.** (PHI meint, es sollte untersucht werden, ob sich nicht ein Freimaurer oder ein anderer Feind des Christentums das ‚Jahr der Bibel' ausgedacht hat.)" [75]

Was den im **November 2002 verstorbenen „Spiegel"-Herausgeber Rudolf Augstein** anbelangt, so haben sich über ihn zeitlebens viele Menschen geärgert. „So mancher davon hätte sich gerne gerächt. Der evangelischen Kirche ist es gleich zweifach gelungen: Zunächst bestattete sie den erklärten ‚Nicht-Christen' auf dem Sylter Friedhof, dann richtete sie ihm im Hamburger ‚Michel' eine pompöse Trauerfeier aus, auf der Hauptpastor Helge Adolphsen alle biblischen Register zog.

Augstein hatte 1968 die römisch-katholische [Konzils-]Kirche verlassen und hielt auch von der evangelischen Variante nichts. **1972 erschien sein Buch ‚Jesus Menschensohn', in dem er die zentralen christlichen Glaubenssätze blasphemisch verwarf. Noch in seinem letzten Interview verneinte Augstein die Frage, ob er an Gott glaube, und fügte hinzu: ‚Ich glaube nicht an die Auferstehung irgendeines Toten.' Die Kirche war dem ‚Spiegel'-Herausgeber ein echter Greuel**; gegen sie führte er immer wieder publizistische Kampagnen, beispielsweise in der Abtreibungsfrage.

---

[75] ebd. Nr. 9-10 / 2004, S. 69f; Herv. v. Verf.

Kein Wunder, daß die Verbände von Freidenkern, Konfessionslosen und Atheisten in einem Brief an den Hamburger Bürgermeister Ole von Beust (CDU) gegen die Trauerfeier im Michel protestierten. Das freilich störte weder Pastor Giesen auf Sylt noch Pastor Adolphsen in Hamburg. Ungerührt vereinnahmten sie den prominenten, aber nun wehrlosen Glaubensgegner im Namen des von ihm geleugneten Gottes. Die Frage, ob sich Augstein im Himmel oder in der Hölle über die pharisäische Trauerzeremonie zu wundern hat, wollten die Geistlichen nicht beantworten. Ein Blick in die Bibel (Markus 16, 16) gibt Auskunft: ‚Wer glaubt und getauft wird, der wird selig werden; wer aber nicht glaubt, der wird verdammt werden.'" [76]

Nicht nur die Konzilskirche machte in den letzten Jahren in blasphemischer Weise von sich reden: „**Die Evangelische Kirche in Deutschland (EKD) will** - wieder einmal - **die Bibel umschreiben**. ‚Wir brauchen eine überzeugungsfähige Übersetzung, die die Sprachgewalt Luthers in unseren Sprachhorizont hineintransportiert', sagte der Vizepräses der EKD-Synode, Michael Schibilsky: ‚Jede Generation braucht eine zeitgemäße Fassung.' In Hessen-Nassau wird bereits an einer Bibel-Version ‚aus feministischer Sicht' gearbeitet.

Auf der EKD-Tagung in Trier hielt der Journalist Hanjo Kesting vom Norddeutschen Rundfunk ein Grundsatzreferat zur Bibel-Reform. Er sprach von einem ‚schwerverdaulichen Buch', weil es auch ‚Völkermord, rassistische Vorschriften und autoritäre Gottesbilder' enthalte [Anm.: Warum spricht Kesting wohl nicht über den rassistischen und chauvinistischen Inhalt des Talmud, der laut dem Juden Herman Wouk bis zum heutigen Tage „das zirkulierende Herzblut der jüdischen Religion geblieben" [77] ist?!?]. Kesting: ‚Die Bibel ist durchwachsen und umrankt von jenem Dornengestrüpp aus Ideologie, Propaganda, Gewalttätigkeit und Vorurteil, das ihrer Entstehungszeit angehört. Nur durch dieses Gestrüpp hindurch findet man zu den tieferen Wahrheiten.'

Bislang galt die Bibel den christlichen Kirchen als ‚Wort Gottes'. Auch wird sie seit einiger Zeit zum ‚Weltkulturerbe' ge-

---

[76] Nation & Europa, Januar 2003, S. 58; Herv. v. Verf.
[77] Herman Wouk, This is My God; Free American Newsmagazine, Januar 2003, S. 37

zählt. Doch **neuerdings stößt man sich an judenkritischen Passagen, auch am biblischen Nein zur Homosexualität. Deshalb sollen nun ‚fortschrittliche' Schriftdeuter Gottes Wort so umschreiben, daß es dem heutigen ideologischen Dornengestrüpp entspricht.** Dazu der Theologe und Bestseller-Autor Walter-Jörg Langbein: ‚Entweder die Bibel ist Wort Gottes. Dann sind die Gebote Gottes uneingeschränkt zu befolgen, ohne Wenn und Aber. Wenn aber einzelne Gebote weiterhin gepredigt, andere aber dem modernen Zeitgeschmack angepaßt werden, steht menschliches Wort über Gotteswort.'

An solchen Einwänden stören sich Schibilsky und Kesting nicht. Sie sind fest überzeugt, daß Gott schon einverstanden sein wird, wenn man ihn nach heutigen Maßstäben lektoriert. Man darf gespannt sein, was von den Überlieferungen der Apostel, die noch selber am Tische Jesu saßen, letztlich übrigbleiben wird. Feministische Theologinnen beharren schon jetzt darauf, daß es Gott gar nicht gibt - es handele sich um eine Göttin." [78]

Vorbei sind also die Zeiten, in denen die Kirchen „ihre Gläubigen über Gut und Böse, über die Auferstehung und das Ewige Leben belehrten. Aber nichts anderes, man mag es für gut halten oder nicht, ist Aufgabe der Kirchen. War es bis vor einigen Jahrzehnten. Denn inzwischen verbreiten sich Amtsträger der Großkirchen so ziemlich über alles, worüber sich auch Politiker, Gewerkschaftsfunktionäre und Wohlfahrtsverbände auslassen: über Asylfragen und Arbeitslosenhilfe, Gleichberechtigung, Ganztagsschulen, Ehegattensplitting. [Anm.: Siehe hierzu eine Meldung des „ARDtext" vom 2. März 2005 (S. 136): „Die katholische Kirche stellt ihr ‚Manifest Illegale Zuwanderung' vor. Damit will sie auf Mißstände im Ausländerrecht und auf die Situation der illegalen Einwanderer in Deutschland aufmerksam machen. ‚Nur ein kleiner Teil dieser Gruppe ist kriminell', sagte Pater Alt. Viele seien Arbeitssuchende oder Menschen, die den Anschluß an ihre in Deutschland lebenden Familien suchten."] Die eigentliche Domäne des Religiösen ist längst Nebensache. Und statt Orientierung wird immer häufiger Desorientierung verbreitet.

---

[78] Nation & Europa, Januar 2004, S. 29; Herv. v. Verf.

Beispiel Homo-Ehe. Im Dezember [2002] beschlossen die evangelischen Landessynoden von Berlin-Brandenburg, Pfalz und Hessen-Nassau, daß homosexuelle Paare künftig den Segen protestantischer Geistlicher erhalten können. Damit nicht genug, bekannte der evangelische Pfarrer Nulf Schade aus dem Frankfurter Gallusviertel: ‚Ich habe geheiratet.' Einen Mann.

Nun hat die Evangelische Kirche in Deutschland (EKD) ein Problem mehr. Denn ihre Schäfchen laufen ihr infolge des unsäglichen Outings gleich scharenweise davon, darunter auch zahlreiche Prominente. Die CDU-Bundestagsabgeordnete Erika Steinbach etwa schrieb an ihren Kirchenpräsidenten: ‚Wer die Heilige Schrift so hinbiegt, wie er sie gerade bequem brauchen kann, der soll ganz darauf verzichten und nicht den Talar gegen die Bibel mißbrauchen.' Es bedrücke sie sehr, ‚daß Gottes Wort für meine Kirche offenbar nur dann gilt, wenn's genehm ist'.

Genau das ist die Krux. **Die Großkirchen segeln praktisch voll auf Zeitgeistkurs. Wo sie Fehlentwicklungen und Verwerfungen anprangern müßten, schweigen sie. Beschränken sich auf politisch Korrektes, Ungefährliches, Unverbindliches.** Es sei bedenklich, schrieb Florian Illies vor einigen Wochen in der FAZ, ‚wie sich die evangelische Kirche immer mehr zu einem perfekt funktionierenden Funktionärsverband mit spiritueller Orientierung entwickelt hat, mit festen Sitzen in Rundfunkräten und Ethikkommissionen, aber fast ohne jede politische Widerspenstigkeit oder eigenes, aus dem Glauben gespeistes, provokantes Bekenntnis", so „Nation & Europa" im Februar 2003 (S. 34f; Herv. v. Verf.).

Damit aber nicht genug: Wie es in der „Fuldaer Zeitung" am 4. Dezember 2004 (Herv. v. Verf.) hieß, haben **leitende Vertreter von acht Religionsgemeinschaften** in Deutschland **Fanatismus** und Gewalt **verurteilt. „Toleranz gegenüber Intoleranz** und jede Duldung von Aktivitäten, die zu Terrorismus führten, **dürften in der Gesellschaft keinen Platz haben**, erklärte der ‚Runde Tisch der Religionen in Deutschland' in der vergangenen Woche in Mainz.

Notwendig sei es, für **Respekt zwischen den Religionen** zu werben ... An der Unterzeichnung der Erklärung waren Bischöfe der evangelischen und [konzils-]katholischen Kirche, die Vorsitzenden des Zentralrats der Muslime und des Islamrats sowie Vertreter des Zentralrats der Juden, der russischorthodoxen Kirche, der Deutschen Buddhistischen Union und des Nationalen Geistigen Rats der Baha'i beteiligt.

Der ‚Runde Tisch' will nach eigenen Angaben **die allen [?!?] Religionen gemeinsame Botschaft** des Friedens und **der Toleranz fördern.** Diese Werte müßten in der Gesellschaft wirksam werden. **Keine [!] Religion dürfe wegen der Taten Einzelner pauschal verurteilt werden.** [Anm.: Denken wir dabei an England, wo bereits offen Satanismus praktiziert werden darf, da die Marine *ja ebenfalls keine* „Religion" diskriminieren will und *jeder* doch angeblich das Recht hätte, „satanische Meinungen zu äußern" und schlagen dazu das „Schwarzbuch Satanismus" (S. 78) auf, wo eine der vielen grausamen Forderungen Aleister Crowleys (1875-1947) - also desjenigen, der den modernen Satanismus überhaupt erst begründet hat - aufgeführt ist: „Du hast Liebe; reiße deine Mutter von deinem Herzen und speie in das Gesicht deines Vaters. Laß deinen Fuß auf den Bauch deiner Frau treten und laß das Baby an ihrer Brust die Beute von Hunden und Geiern werden ... Denn wenn du dies nicht mit deinem Willen tust, so werden wir es wider deinen Willen tun. So daß du das Sakrament des Grals erlangst in der Kapelle der Abscheulichkeiten."]

Die Resolution wird nach Angaben des Geschäftsführers des ‚Runden Tisches der Religionen in Deutschland', Franz Brendle, der Bundesregierung und den im Bundestag vertretenen Parteien zugeleitet. Der Runde Tisch wurde 1998 auf Initiative der Vereinigung ‚Religionen für den Frieden' gegründet. Seitdem treffen sich leitende Vertreter der acht Religionsgemeinschaften zwei Mal im Jahr zu Gesprächen."

Wir sehen erneut, daß die vermeintlich katholische Kirche aufgrund einer fadenscheinigen „Toleranz" Verzicht auf die christliche Mission leistet, indem die Gleichstellung aller Konfessionen und sogar aller Religionen massiv vorangetrieben wird. Das aber stellt vor Gott eines der größten Verbrechen dar, das überhaupt begangen werden kann, da es den Menschen die Möglichkeit der Erlösung nimmt. Schließlich heißt es in der Hl. Schrift ausdrücklich: „macht alle Völker zu

Jüngern", um ihnen auf diese Weise „das ewige Leben" zu vermitteln. Nicht umsonst sagte der hl. Thomas von Aquin (1225-1274): „Die größte Wohltat, die man einem Menschen erweisen kann, besteht darin, daß man ihn vom Irrtum [etwa dem Anhängen an eine falsche Religion] zur Wahrheit [in diesem Falle zum katholischen Glauben] führt." (Er sprach *eben nicht* von dem „Respekt vor anderen Religionen" oder einer vermeintlich allen Religionen gemeinsamen „Botschaft der Toleranz", die es - einzig und allein im Interesse des Teufels, der möglichst viele Seelen zu sich ins ewige Verderben ziehen will - zu fördern gelte!)

Die konzilskatholischen und evangelischen Institutionen „segeln nicht nur voll auf Zeitgeist-Kurs" und sorgen sich nicht nur um die freimaurerische „Toleranz" unter den einzelnen Religionen, sondern weisen weitere antichristliche Züge auf: „Gruppendynamik (Supervision) ist mit Sicherheit mit der christlichen Religion nicht vereinbar. **Obwohl zahlreiche** evangelische und **katholische Universitäten und Fachhochschulen die Psychotherapiemethode Supervision lehren und auch Kurse mit Abschlußzeugnis anbieten, ist diese Therapie mit der christlichen Religion unvereinbar.** Der Therapiemethode liegen zugrunde

  a) die Tiefenpsychologie Freuds,

  b) die Verhaltenstheorien des amerikanischen Behaviorismus und deren Vertreter Maslow, Skinner, Watson und

  c) die Theorie von der Gruppendynamik von Moreno.

Alle diese drei Gedankengebäude können auch als die Wissenschaften von der Manipulation der Menschen bezeichnet werden. Sie stehen im Widerspruch zum christlichen Menschenbild und dessen Auffassung von Ethik, Spiritualität und Anthropologie. Auch Leser, die mit dem Christentum nichts am Hut haben, sollten bedenken, daß **Gruppendynamik immer eine Möglichkeit zur Manipulation** ist. Seele und Psyche werden zur Manipulation genutzt. Im günstigsten Fall besteht die Möglichkeit einer finanziellen Abzockerei. Ob Sie zu Ihrem Nutzen oder zum Vorteil einer Organisation, Sekte oder Ideologie oder zum Vorteil des Psychotherapeuten manipuliert werden, hängt von der Person des Therapeuten ab. Bedenkliche Gruppendynamik darf jedoch nicht mit einem immer sinnvollen Erfahrungsaustausch verwechselt werden. Aber schon bei gemeinsamen Übungen sollten Sie beginnen sich selbst kritisch zu beobachten. Sie sollten eine **kritische Einstellung zu solchen Programmen auch dann nicht beenden, wenn solche Gruppendynamik oder Supervision von kirchlichen Einrichtungen oder vom Jesuitenorden oder als christliche Kontemplation angeboten werden. Sadhama-Meditation und Zen-Buddhismus und Feng Shui stehen im Widerspruch zur christlichen Lehre.** Wir wiederholen: Auch Leser, die mit dem Christentum nichts am Hut haben, sollten bedenken, daß Gruppendynamik immer eine Möglichkeit zur Manipulation ist." [79]

Während antichristliche Strömungen vermehrt in (vermeintlich!) christliche Institutionen Einzug halten, wird der (leider nur noch scheinbare!) christliche Gottesdienst zunehmend aus dem öffentlichen Leben verdrängt! Hören wir dazu die „Politischen Hintergrundinformationen" in ihrer Ausgabe vom 28. Oktober 2002: „Die letzte **Vollversammlung der Deutschen Bischofskonferenz hat die** von einer Arbeitsgruppe der Liturgiekommission erstellten ‚**Leitlinien für multireligiöse Feiern von Christen, Juden und Muslimen zustimmend zur Kenntnis genommen'.** Bei einer Verwirklichung dieser Leitlinien werden **in naher Zukunft alle [!] christlichen Gottesdienste im öffentlichen Leben durch ‚multireligiöse Feiern' verdrängt** werden. Die Leitlinien selbst nennen eine Fülle von Anlässen für solche Feiern. Hier nur einige davon: ‚Gedenk- und Trauerfeiern bei Katastrophen und Unglücksfällen', ‚Gesellschaftliche Ereignisse wie Einweihung von Einrichtungen und Gebäuden', ‚Zusammensein von Mitgliedern von verschiedenen Religionen u.a. in Schulen und Krankenhäusern'. Letzteres heißt in der Praxis: Ein Ende der christlichen Schulgottesdienste überall da, wo es islamische Schüler gibt. Selbst dem Kranken und in Todesgefahr Schwebenden werden solche Feiern zugemutet. Die Leitlinien sehen Abläufe

---

[79] Politische Hintergrundinformationen - Deutschlanddienst, Nr. 34-35 / 2004, S. 268; Herv. v. Verf.

Links: Der Besuch von Johannes Paul II. im Japanischen Kulturzentrum von Los Angeles im September 1987 markierte eine historische Zusammenkunft interreligiöser Führer mit dem Anti-Papst. Der Pole - hier mit Rabbi Alfred Wolf, „Kardinal" Roger Mahony und Dr. Maher Hathout - unternahm während seines mittlerweile mehr als 26 Jahre währenden Schein-Pontifikats zahlreiche gewagte Schritte, um interreligiöse und ökumenische Beziehungen voranzubringen. Rechts: Der Schein-Papst trägt mit Frauen eine Intimität offen zur Schau, die vor dem Zweiten Vatikanischen Konzil undenkbar war. Hier nimmt er Diana Colosio, die Witwe eines mexikanischen Präsidentschaftskandidaten, herzlich in die Arme und küßt sie.

In der Konzilskirche „St. Gregory the Great" in Danbury, im US-Bundesstaat Connecticut, wurde am 25. November 2004 das 12. alljährlich stattfindende interreligiöse Erntedankfest gefeiert. Dort kamen unter anderem Juden, Buddhisten und Unitarier „in Frieden und Akzeptanz" zusammen, um gemeinsam zu dem (angeblich!) „einen Gott" zu beten, der „uns alle gleichwertig erschuf". Dabei ist die Teilnahme jüdischer Geistlicher an dieser Veranstaltung schlichtweg heuchlerisch, legt doch deren „heiliges" Buch - der Talmud - gerade gegenüber Christen einen beispiellosen Rassismus und Chauvinismus an den Tag, wie unter anderem der rechtschaffene Jude Israel Shahak darlegt: „Das Judentum ist von einem sehr [!] tiefen Haß gegenüber dem Christentum durchdrungen ... Nach dem Talmud wurde JESUS von einem zuständigen rabbinischen Gericht wegen Götzendienst, Anstiftung anderer Juden zur Götzenanbetung und wegen Verachtung der rabbinischen Autorität hingerichtet." Shahak führt aus: „Gesondert von den fest vorgeschriebenen täglichen Gebeten muß ein frommer Jude bei verschiedenen Gelegenheiten besondere kurzgefaßte Segenssprüche ausstoßen, sowohl gute als auch schlechte ... Einige dieser gelegentlichen Gebete dienen der Einschärfung von Haß und Verachtung gegen alle [!] Nichtjuden."**

(Quellenhinweise: Oben links: http://www.the-tidings.com/2004/1119/ecumenicalnew3.htm: Oben rechts: http://www.traditioninaction.org/RevolutionPhotos/A009rcJPIIKissesColosio.htm; Unten: http://www.danbury.org/stgreg/thank.htm; *: Jüdische Geschichte, Jüdische Religion, S.177f; **: ebd. S.170)

Ein tanzender Papst? Auf einem Jugendtreffen in der Tschechischen Republik in Olmütz/Olomouc am 21. Mai 1995 ergreift der Anti-Papst die Hände einiger Jugendlicher und hebt seine Arme in tänzerischen Bewegungen. Die neuen liberalen Gesten, die durch das Zweite Vatikanum hoffähig gemacht wurden, sind in der Konzilskirche heute weit verbreitet.

Ein „Priester" der Konzilssekte „predigt" vor katholischen Nonnen, die im Buddhisten-Tempel „Hsi lai" in Hacienda Heights, im US-Bundesstaat Kalifornien, zu einer Klausurtagung zusammengekommen sind. Hinter dem Priester wurde vor der Buddha-Statue ein „Altar" aufgerichtet, um das „Meßopfer" darzubringen.

(Quellenhinweise: Oben: John Paul II Chronicle. Dorley Kindersley, 2000; hier nach: http://www.traditioninaction.org/RevolutionPhotos/A047rcDancing7.htm; Unten: http://www.-traditioninaction.org/RevolutionPhotos A058rcBuddhistTemple.htm)

89

vor, bei denen sich kein Teilnehmer ‚angegriffen fühlt'. Konsequenz: **Christus soll** daher **nur Lehrer und Prophet genannt werden dürfen.** All diese Vorgänge werden sich normalerweise in christlichen [!] Kirchen abspielen.

Die ‚Vereinigung der Initiativkreise katholischer Laien und Priester im deutschen Sprachraum' und ‚Pro Sancta Ecclesia' protestieren daher energisch gegen diese Leitlinien und beschwören die Bischöfe, sie sofort und ersatzlos zurückzuziehen." [80] Wer immer noch nicht begriffen hat, daß es sich da nicht mehr um „katholische Bischöfe" handelt, sondern um Wegbereiter des Satans, die eine „multikulturelle Welteinheitsreligion" einführen wollen, dem ist nicht mehr zu helfen!

Jesus Christus ist natürlich kein einfacher „Lehrer" oder „Prophet", sondern der eingeborene Sohn Gottes, der **für unsere Frevel durchbohrt wurde, „zerschlagen wegen unserer Missetaten. Züchtigung für unser Heil lag auf ihm, durch seine Wunde ward uns Heilung zuteil"** (Is 53, 5). „Denn auch der Menschensohn ist nicht gekommen, sich bedienen zu lassen, sondern zu dienen und **sein Leben hinzugeben als Lösepreis für viele"** (Mk 10, 45).

„Ist doch **Christus für uns Gottlose gestorben** zu der Zeit, da wir noch elend waren. ... Gott aber erweist seine Liebe zu uns darin, daß **Christus für uns starb, als wir noch Sünder waren"** (Röm 5, 6.8). „Denn ich übergab euch zuvörderst, was ich auch empfangen habe: **Christus starb für unsere Sünden"** (1 Kor 15, 3). „**Christus kaufte uns los aus dem Fluch des Gesetzes,** indem er für uns ein Verfluchter wurde" (Gal 3, 13).

„‚**Er trug selber unsere Sünden an seinem Leibe ans Holz hinan'** (Is 53, 12), damit wir den Sünden absterben und der Gerechtigkeit leben; **durch seine Wunden seid ihr geheilt worden** (Is 53, 5). Denn ihr waret wie irrende Schafe; jetzt aber seid ihr hingewendet zum Hirten und Hüter eurer Seelen" (1 Petr 2, 24f).

Ist es nicht ungeheuerlich, daß die scheinbar katholische Kirche unseren Herrn und Erlöser angesichts dieser Worte nur noch als „Lehrer" und „Propheten" bezeichnen will?!?

---

[80] ebd. Nr. 44-45 / 2002, S. 344; Herv. v. Verf.

Ganz gleich jedenfalls, ob man sich mit der evangelischen oder der Konzilskirche auseinandersetzt: überall zeigt sich das gleiche niederschmetternde Bild, das den Menschen eigentlich die Augen öffnen und sie von der Notwendigkeit des *wahren* katholischen Glaubens überzeugen müßte.

Die Folgen der eingangs erwähnten Unterwanderung des Vatikans durch Freimaurer und Kommunisten sind nämlich *sehr wohl* unübersehbar: „**In Österreich gibt es immer weniger römisch-katholische [Konzils-]Priester.** Zwischen 1981 und 2001 ist die Gesamtzahl von 5677 auf 4519 gesunken, **ein Minus von rund 20 Prozent.** Das besagt die offizielle kirchliche Statistik. ...

Besonders stark ist der Rückgang bei den Diözesanpriestern, bei denen die Zahl im gleichen Zeitraum von 3420 auf 2437 gesunken ist. Das entspricht einem Minus von 25 Prozent. Schwächer ist der Rückgang bei den Ordenspriestern. Diese Zahl ist in den vergangenen zwei Jahrzehnten von 2048 auf 1722 gesunken, ein Minus von ‚nur' 15 Prozent. In den neun Diözesen Österreichs werden heuer nur 18 Männer zu Priestern geweiht. Bei den Ordensmännern gibt es heuer 24 Priesterweihen", hieß es Ende Juni 2002.[81]

„Ein **stark zurückgehendes Interesse für den Priesterberuf** verzeichnet die [konzils-]katholische Kirche in **Deutschland.** Nach einer Meldung des Zentrums für Berufungspastoral sank die Zahl der Priesteramtskandidaten im vergangenen Jahr [Anm.: 2003] um etwa 6,5 Prozent auf 1128. Es sei damit zu rechnen, daß in den kommenden 10 Jahren zwei Drittel der Pfarreien keinen eigenen Pfarrer mehr hätten. Ein Drittel der aktiven Geistlichen sei bereits über 60 Jahre alt. Im vergangenen Jahr wurden in Deutschland insgesamt 130 Diözesanpriester und 29 Ordensleute geweiht." [82]

---

[81] 28.06.02 Immer weniger katholische Priester;
      http://religion.orf.at/projekt02/news/0206/ne020628_priestermangel.htm; Herv. v. Verf.
[82] Personen, Fakten, Trends - imprimatur 3/2004;
      http://www.phil.unisb.de/projekte/imprimatur/2004/imp040310.html; Herv. v. Verf.

Diese beiden Herren sind zwei der schlimmsten Feinde, die die katholische Kirche jemals kannte! Oben: Der am 26. September 1897 in Sarezzo geborene Giovanni Battista Enrico Antonio Maria Montini wurde am 21. Juni 1963 zum Papst gewählt und nahm den Namen Paul VI. an; hier sehen wir ihn beim „Eucharistischen" Weltkongreß im August 1968 in Kolumbien. Tatsächlich handelte es sich bei ihm um einen Anti-Papst, der das von seinem Vorgänger Johannes XXIII. einberufene Zweite Vatikanische Konzil zu Ende führte und eine Reihe der von diesem Konzil angestoßenen „Reformen" verwirklichte, wie etwa die Liturgiereform. (Montinis Mission war es, vom katholischen Glauben soviel wie möglich umzustürzen und zu zerstören!) Sowohl er als auch der am 18. Mai 1920 im polnischen Wadowice bei Krakau geborene Johannes Paul II. (unten) sind insgeheim jüdischer Abstammung und vertraten bzw. vertreten beide das antichristliche kommunistisch-sozialistische Gedankengut, weshalb sie sich auch für die satanischen Vereinten Nationen - und damit die freimaurerische Weltrepublik - einsetzten bzw. -setzen.

(Quellenhinweise: Oben: Fuldaer Zeitung, 6.8.03; Unten: ebd. 7.6.03)

Christi Prophezeiung über das entscheidende Ereignis unmittelbar vor Seiner glorreichen Wiederkehr: „Wenn ihr nun ‚den Greuel der Verwüstung', vorhergesagt durch den Propheten Daniel (9, 27; 12, 11), stehen seht, ‚an heiliger Stätte'", muß auch angesichts solcher Veranstaltungen in ehemals katholischen Gotteshäusern als erfüllt betrachtet werden: Am 29. April 2003 führte „Schwester" Martha Ann Kirk, eine Professorin für religiöse Studien an der **University of Incarnate Word** *im kalifornischen San Fernando in der Kathedrale der Stadt einen Gemeinde-"Gottes"dienst durch, den man nur als eine Hippie-Veranstaltung bezeichnen kann.*

Links: Das Gesicht der neuen „Kirche"; die Entstellung der Wahrheit, Heiligkeit und Schönheit in der Novus-Ordo-Religion des Zweiten Vatikanischen Konzils - Christus wird hier auf abscheuliche Weise verhöhnt. Mitte: Diese geschmacklose Bildhauerei befindet sich in der vermeintlich katholischen „All Saints"-Kirche in Knoxville, im US-Bundesstaat Tennessee und soll die „heilige Familie" zeigen. Es ist eine kaum in Worte zu fassende Blasphemie, die heiligste unbefleckte Jungfrau im Schoß des reinen und ehelosen St. Joseph derart darzustellen. Rechts: Dieses merkwürdige Gebilde befindet sich in der Kathedrale von Mechelen in Belgien. Es soll sich dabei um ein „Komma" (!) handeln, wie in einem „Satzzeichen", weil das „Leben ein Satz ist, das mit einem Komma zu enden scheint, in Wahrheit aber in Gott endet" ... Siehe da! Welch tiefschürfende Novus-Ordo-Spiritualität. (Für wie dumm halten diese Leute die Katholiken eigentlich?)

(Quellenhinweise: Oben: http://www.novusordowatch.org/archive2003-04&05.htm; Unten links: http://www.novusordowatch.org/archive2003-07.htm; Unten Mitte: http://www.novusordowatch.org/archive2003-04&05.htm; Unten rechts: http://novusordowatch.org/archive2003-07.htm)

Am 22. September 2003 errichtete die sogenannte Kirchenvolksbewegung „Wir sind Kirche" eine Mauer aus beschrifteten Pappkartons an der Treppe zum Fuldaer Domplatz. Auf diesen waren Forderungen wie „Wahl der Bischöfe durchs Volk" und „Diakonat der Frau" verzeichnet. (Offensichtlich gehen diesen Schein-Katholiken die durch das Zweite Vatikanische Konzil eingeleiteten „Reformen" noch nicht weit genug; sie trachten nach der Beseitigung auch der letzten Elemente des katholischen Glaubens [u.a. Aufhebung des Zölibats].)

Links: Die jahrzehntelange Unterwanderung des Vatikans durch Antichristen aller Schattierungen hat nicht nur dafür gesorgt, daß Rom zum Mittelpunkt der endzeitlichen Welt-Einheitsreligion geworden ist, sondern auch dafür, daß Vertreter dieser Institution schwere Sünden - wie etwa Kindesmißbrauch - begehen, die dann anschließend (fälschlicherweise) der katholischen Kirche zur Last gelegt werden können. So kam es Ende September 2002 vor dem Fuldaer Dom zu einer Demonstration von „Wir sind Kirche" und der Reforminitiative „Kirche von unten", auf der Teilnehmer unter anderem ein Transparent in Händen hielten mit der Aufforderung: „Bischöfe, stoppt den sexuellen Mißbrauch!" Rechts: Aus dem wahren Gottesdienst hat die Konzilskirche ein bloßes Unterhaltungsangebot nach menschlichen Maßstäben gemacht, ohne tiefere Spiritualität. Bei dem Herrn in der Mitte dieses Photos aus der Diözese in Knoxville in Tennessee handelt es sich übrigens um einen „Priester".

(Quellenhinweise: Oben: Fuldaer Zeitung, 23.9.03; Unten links: ebd. 27.9.02; Unten rechts: http://www.novusordowatch.org/archive2003-04&05.htm)

94

*Am Sonntag, dem 6. Juni 2004 feierten 25 000 Konzilskatholiken den hl. Bonifatius beim Konzils-Pontifikalamt auf dem Domplatz der Bischofsstadt Fulda. Ohne die erfolgreiche Unterwanderung und damit die Kontrolle über den Vatikan wäre es der „Synagoge Satans" (Offb 2, 9) nicht möglich gewesen, ihre weitreichenden Pläne in die Tat umzusetzen. Schließlich könnten **wahre** Hirten die rund eine Milliarde „Katholiken" in aller Welt sehr wohl für den Glauben und damit gegen die Ausbreitung des Bösen mobilisieren.*

*Das Gesicht der deutschen Gesellschaft zu Beginn des dritten Jahrtausends! In der Bundesrepublik wurde nicht nur die „Abneigung gegen Homosexualität gebrochen", wie es der berühmt-berüchtigte Satanist Aleister Crowley vor vielen Jahrzehnten gefordert hatte, sondern wird diese „sexuelle Orientierung" noch öffentlich zelebriert, unter anderem indem in regelmäßigen Abständen in einer Reihe von Städten Schwulen- und Lesben-Paraden stattfinden (hier ein Photo vom sog. „Christopher Street Day" in Frankfurt im Juli 2002). Wer diese Menschen indes **wirklich** liebt, versucht alles, um sie von ihrem Weg des Verderbens abzubringen, denn der hl. Bernardin von Siena warnte ausdrücklich: „Ein Mensch, der in seinem Leben das Laster der Sodomie praktiziert, wird in der Hölle mehr Schmerzen erdulden müssen als irgendjemand anderes, weil dies die schlimmste Sünde ist, die es gibt."* (Anti-Papst Johannes Paul II., durch dessen Häresien bereits zahlreiche Seelen in die ewige Verdammnis stürzten, lügt **auch hier**, wenn er sagt: „Sie sind nicht Ausgestoßene. Homosexuelle, wie alle leidenden Menschen, befinden sich im Herzen der Kirche."*)*

(Quellenhinweise: Oben: Fuldaer Zeitung, 7.6.04; Unten: ebd. 22.7.02; *: zit. nach Michael Dimond, „Has Rome become the Seat of the Antichrist?")

Bereits Mitte Dezember 2003 war zu erfahren, daß der Konzilskirche in der Bundesrepublik die Priester ausgingen. „‚Rückläufige Zahlen sind bei uns Trend', heißt es bei der Deutschen Bischofskonferenz. Während im Jahr 2001 noch 1106 Kandidaten in der Ausbildung waren, waren es ein Jahr später nur 1035.

In Deutschland seien jetzt nur 200 junge Männer in die Priesterseminare eingetreten. In den achtziger Jahren waren es noch 800 neue Kandidaten im Jahr. Ein Grund: Junge Menschen hätten nicht mehr gelernt, sich in der Kirche zu Hause zu fühlen." [83]

Ende März 2004 vernahm man erneut, daß sich immer weniger junge Männer finden, „die bereit sind, den Priesterberuf auszuüben. Für Deutschland führt die Statistik Ende 2002 noch 16 777 katholische Priester - 10 000 Geistliche weniger als im Jahr 1960. Und: 1983 waren es noch 829 junge Menschen, die in deutschen Bistümern zu dienen bereit waren, 2002 lediglich noch 242. **Der Kirche geht der Nachwuchs aus.**" [84] All das sind die Früchte des unter dem Banner der antichristlichen Mächte stehenden Zweiten Vatikanischen Konzils, das den Kirchenstaat in den letzten 40 Jahren maßgeblich geprägt hat!

Kein Wunder also, daß die wenigen dem wahren Glauben treu gebliebenen Katholiken heute in aller Regel als „fanatische Fundamentalisten" hingestellt werden. Das sollte sie allerdings nicht weiter stören, befinden sie sich doch in prominenter Gesellschaft: auch **Mel Gibson**, Schauspieler und Regisseur des aufsehenerregenden Streifens „Die Passion Christi" ist ein „Fundamentalist".

„Er macht daraus auch kein Hehl, und wie jedermann in den Klatschgazetten nachlesen kann, **gehört** er **einer traditionalistisch-katholischen Gruppe in den USA an, die von den Errungenschaften des Zweiten Vatikanischen Konzils nicht viel hält.** Auch diese Haltung ist nachvollziehbar, denn nicht ohne Grund laufen den Großkirchen in unseren Breiten infolge eines verwaschenen Ökumenismus überall die Schäf-

[83]   RTL Text, 13.12.03, S. 124
[84]   Gottes heimliche Kinder, Ricarda Främcke;
       http://www.abendblatt.de/daten/2004/03/27/277780.html; Herv. v. Verf.

chen davon. Doch die Kirchenoberen sperren sich gegen die Einsicht, daß sich mit devotem Hinterherhecheln hinter dem Zeitgeist kein Blumentopf gewinnen läßt. [Anm.: Weil es sich eben um „Kirchenobere" handelt, die mit dem Bösen im Bunde stehen und denen es daher nur recht sein kann, wenn sich immer mehr Menschen vom Glauben abwenden!] Wellness-Seminare und harmloses Wohlfühl-Gesülze bieten auch Volkshochschulen und Gewerkschaften an; Glaubensgemeinschaften braucht es dazu nicht. Die Hamburger evangelische Bischöfin Maria Jepsen, eine ausgewiesene ‚Fortschrittliche', forderte allen Ernstes, das Zeichen des Kreuzes ‚sanfter' zu machen: statt eines Gefolterten könne man auf dem Querbalken spielende Kinder zeigen ...

In diesem Punkt werden die Unterschiede sichtbar: auf der einen Seite eine laue, auf political correctness zusammengestutzte Gutmenschen-Ethik, auf der anderen Seite **ein ‚fundamentalistisches', um Echtheit und spirituelle Tiefe bemühtes Christentum, das um Konflikte und Spannungen nicht verlegen ist.** Zumindest letzteres kann sich mühelos auf seinen Stifter berufen: **Jesus feilschte und diskutierte nicht mit seinen Gegnern, sondern peitschte sie kurzerhand aus dem Tempel hinaus.** Will man dem Evangelientext glauben, war Jesus auch kein Pazifist, sondern bis zur Unduldsamkeit von seiner Mission überzeugt: ‚Denkt nicht, ich sei gekommen, Frieden auf die Erde zu bringen', heißt es im Matthäus-Evangelium; ‚ich bin nicht gekommen, Frieden zu bringen, sondern das Schwert.'

Mel Gibsons Verdienst ist es, daß er die biblische Botschaft wieder ins Gespräch gebracht hat, und das mit einem der wirkmächtigsten Mittel der Propaganda, dem Film. **Daß sich ausgerechnet Vertreter der Amtskirchen davon distanzieren, sagt genug ...**" [85]

Vertreter der Amtskirchen distanzieren sich jedoch nicht nur davon, sondern gehen sogar gezielt gegen diesen Streifen vor: „Für sein Engagement im christlich-jüdischen Dialog hat die **Wiener Zwi-Perez-Chajes-Loge**, eine **regionale Loge**, die der **B'nai-B'rith-Loge** untersteht, den **Wiener Weihbischof**

---

[85] Nation & Europa, Mai 2004, S. 26f

Krätzl als Auszeichnung eine Menora, den siebenarmigen Leuchter verliehen. Anlaß für die Ehrung sei **vor allem das Auftreten des Bischofs gegen [!] den Jesus-Film ‚Die Passion Christi'** gewesen, sagte der amtierende Meister der Zwi-Perez-Chajes-Loge, Victor Wagner, im Gespräch mit der Nachrichtenagentur APA. Der Film zeigt die Kreuzigung Christi auf Verlangen der Juden; ein den Juden sehr unangenehmes Thema. Die Zwi-Perez-Chajes-Loge verleiht alljährlich einen **siebenarmigen Leuchter** des Judentums und **Symbol von B'nai B'rith**, als Auszeichnung für besondere humanitäre Leistungen [Anm.: natürlich vorwiegend im Sinne des talmudgläubigen Judentums!]. Im Vorjahr wurde der Wiener Militärkommandant Karl Semlitsch mit dem siebenarmigen Leuchter ausgezeichnet. Er hatte sich gegen das Heldengedenken für Soldaten der Deutschen Wehrmacht eingesetzt und Schleifen mit den Worten ‚Meine Ehre heißt Treue' von Gedenkstätten für die Deutsche Wehrmacht entfernen lassen." [86]

Gerade bei „Die Passion Christi" tritt die gemeinsame Interessenlage von Konzilssekte und jüdischen Organisationen offen zutage: „Die Anti-Defamation League (ADL) ist in heller Aufregung. Sie haben befunden, daß ‚The Passion' von Mel Gibson die Juden diskriminiere. Das Drehbuch zu dem Movie über Jesu letzte Tage sei viel zu christlich [!!!], so die ADL und lasse die Juden als ‚Christus-Mörder' [Anm.: Das sind sie ja auch *nach eigenem Bekunden* im Talmud!] dastehen. Erzkatholik [sic!] Mel wehrt sich [völlig zurecht!] gegen die Vorwürfe. Der Film sei genau so wenig antisemitisch wie er selber." [87]

(Anm.: „Die Anti-Defamation League (ADL) der B'nai-B'rith-Loge gibt sich als gemeinnützige Gesellschaft aus, ‚die darauf abzielt eine Diffamierung von Juden und anderer religiöser und ethnischer Gruppen auszuschalten, das gute Einvernehmen unter allen Völkern zu fördern, und die Grundsätze der Freiheit, Gleichheit und Demokratie zu bewahren und wirksamer zu gestalten'. So steht es in den Satzungen der

---

[86] Politische Hintergrundinformationen - Deutschlanddienst, Nr. 42-43 / 2004, S. 330; Herv. v. Verf.

[87] RTL II, 27.6.03, S. 112

ADL B'nai B'rith, abgeändert durch die National Commission, Juni 1982.

Nichts könnte weiter von der Wahrheit entfernt sein. Unter wiederholter offenkundiger Übertretung der Section 501 (c) 3 des Internal Revenue Service Code, der amerikanischen Abgabenordnung, fungiert die ADL als eine von Steuern befreite gemeinnützige Gesellschaft, während sie sich in Wirklichkeit mit einem breiten Feld von Aktivitäten beschäftigt, die der inneren Natur nach kriminell sind, darunter Einmischung in den gerichtlichen und Gesetzesvollzugsprozeß, Unterstützung von inländischen und internationalen terroristischen Organisationen, Aufstachelung zu ‚Haß-Verbrechen', Spionage, Unterstützung für mutmaßliche internationale Drogendealer, verdeckte Tätigkeiten sowohl im Namen feindlicher Regierungen als auch von Stellen innerhalb der US-Regierung, die mit der internationalen Sozialdemokratie verbunden sind", stellt der Enthüllungsautor Peter Blackwood in seinem Buch „Das ABC der Insider" auf Seite 20 fest.)

Die vermeintlich katholische Geistlichkeit verteidigte Mel Gibson nicht etwa gegen die ungerechtfertigten Anschuldigungen von jüdischer Seite und dankte ihm für sein beeindruckendes Meisterwerk, sondern schlug sich ohne Hemmungen auf die Seite der Antichristen: „Die [konzils-]katholischen deutschen Bischöfe haben sich der Kritik an Mel Gibsons Jesus-Film ‚Das Leiden Christi' [sic!; ‚Die Passion Christi'] angeschlossen. Durch die brutale [Anm.: Nicht „brutale", sondern *realistische*; brutal sind eine ganze Reihe anderer widerlicher Steifen, die dem deutschen Publikum fast tagtäglich im Fernsehen gezeigt werden!] Darstellung werde die Botschaft der Bibel problematisch verkürzt. Dies könne beim nichtchristlichen Publikum zu Mißverständnissen führen." [88]

Dabei gibt es an den vielen positiven Auswirkungen des Films keinerlei Zweifel, wie man beispielsweise dem Videotext des Musiksenders „VIVA" am 15. August 2004 (S. 123; Herv. v. Verf.) unter der Schlagzeile: „Mels Film wirkt doch!" entnehmen konnte. In dem Artikel erfuhr man, daß ein Mörder nach dem Schauen von „Die Passion Christi" dazu bewegt

---

[88] ARD-Text, 5.3.04, S. 136

wurde, seine Schuld einzugestehen: „Die Polizei hatte Nicole Wilsons Tod als Selbstmord verbucht. Doch Dan Leach gab vor einem Gericht in Texas zu, seine Freundin getötet zu haben. **Der 21jährige sagte dem Richter, als er Jim Caviezel als Jesus gesehen habe, wußte er, daß er für seine Schuld geradestehen müsse.**"

Wie dem auch sei, angesichts der Auszeichnung für den Wiener „Weihbischof" Krätzl für dessen Einsatz gegen den vielleicht schönsten katholischen Film aller Zeiten, der zum ersten Mal aufrichtig den Leidensweg unseres lieben Herrn und Erlösers - und damit das unermeßlich große Opfer, das Christus bereitwillig *für uns alle* auf Sich nahm! - schildert, überrascht es nicht im geringsten, daß die Konzilskirche trotz ihres großen Einflusses etwa in Österreich keine Aktivitäten ihrer Gläubigen gegen antichristliche Machenschaften unterstützt. So beläßt es der Journalist, Detektiv und Photograph **Martin Humer** als **gläubiger (Konzils-)Katholik** nicht beim wöchentlichen Kirchgang und beim Zahlen der Kirchensteuer, sondern **kämpft aktiv gegen Pornographie, Menschenhandel und Kindesmißbrauch.** Er entdeckte, „daß in der SPÖ-eigenen Druckerei die scheußlichsten Pornohefte hergestellt werden, und er stellte fest, daß der österreichische Beamtenapparat gegen Menschenhandel, insbesondere den Import von Frauen zwecks Zuführung zur Prostitution, nicht vorgeht. Humer schreibt, daß die Konsuln und Botschafter Österreichs in den osteuropäischen Staaten aus Naivität oder auf Anweisung den Menschenhandel direkt unterstützten. So habe es eine Weisung aus Wien gegeben, ,Tänzerinnen' bei der Visabeschaffung großzügig behilflich zu sein. **Bitten Humers an den Wiener Kardinal Schönborn, seinen Einfluß geltend zu machen oder ihn medial zu unterstützen, blieben erfolglos.** Seine Briefe mit ganz konkreten Vorschlägen wurden nicht einmal beantwortet. Humer hat bereits Hunderte von Anzeigen bei der Gendarmerie wegen Verstoß gegen StGB 217(1) Menschenhandel gestellt. Möglicherweise rennt Humer zumeist auch deshalb oftmals gegen eine Gummiwand, weil er öffentlich einen Zusammenhang zwischen Freimaurerei mit Menschenhandel und Pornographie vermutet." [89]

---

[89] Politische Hintergrundinformationen - Deutschlanddienst, Nr. 1-2 / 2005, S. 10; Herv. v. Verf.

Machen wir uns nichts vor: Die vollständige Judaisierung der ehemals katholischen Kirche schreitet gegenwärtig mit Riesenschritten voran, auszumachen vor allem am „christlich-jüdischen Dialog", der sogar noch umfassender werden soll, wie jüngst am 29. Januar 2005 zu erfahren war: „**Der Zentralrat der Juden in Deutschland** und das **Zentralkomitee der deutschen Katholiken (ZdK)** haben sich bei einem ersten Treffen **für einen intensiveren christlich-jüdischen Dialog ausgesprochen.** Das teilten beide Seiten in Berlin mit.

Präsidiumsmitglieder beider Gremien hatten sich am Vortag in Frankfurt am Main **unter Leitung des Zentralrat-Präsidenten Paul Spiegel und des ZdK-Präsidenten Hans Joachim Meyer im Haus der Jüdischen Gemeinde getroffen.** Von ZdK-Seite nahmen auch Mitglieder des Gesprächskreises ,Juden und Christen' teil. Das Gespräch sei von einer ,offenen und konstruktiven Atmosphäre geprägt gewesen', hieß es.

Im Mittelpunkt der Unterredung habe der Ausbau der Beziehungen sowie die **gemeinsame [!] Sorge über einen latenten und wieder erstarkenden Antisemitismus** gestanden [Anm.: Wie ich auch in meinem im Verlag Anton A. Schmid erschienenen Buch „Der Bericht von IRON MOUNTAIN - Geheimplan zur Bevölkerungskontrolle" (S. 98-101) eindeutig nachgewiesen habe, sind es in Wahrheit vor allem die wenigen glaubenstreuen Christen (= Katholiken), die in unserer boshaften Zeit eines besonderen Schutzes durch den Staat bedürften!].

Man sei sich einig gewesen, daß solchen Tendenzen vor allem durch den Ausbau von Kontakt und Aufklärung [Anm.: Mit dem Begriff „Aufklärung" ist Indoktrination ganz im Sinne des talmudgläubigen Judentums gemeint!] begegnet werden könne." [90]

Zu diesem Bild paßt, daß der stellvertretende Präsident des Zentralrats der Juden in Deutschland, Salomon Korn, eine stärkere Einbeziehung von Islam und Judentum in den christlichen Religionsunterricht an den deutschen Schulen gefordert (!) hat. „,Ich fände es richtig und wichtig, daß man die anderen großen monotheistischen Religionen wie den Islam und

---

[90] Fuldaer Zeitung, 29.1.05; Herv. v. Verf.

das Judentum stärker als bisher in den christlichen Religions- und Geschichtsunterricht einbaut', sagte Korn im Interview mit der Illustrierten ,Bunte'. Das entsprechende Schulfach heißt unseres Wissens ,Christenlehre'. Aus den Vorschlägen Korns war jedoch nicht zu entnehmen, daß man künftig an Talmud-Schulen oder an israelischen Schulen etwas von Jesus Christus erzählen will. Es ergibt sich auch die Frage, welches Lehrbuch benutzt werden soll, wenn man den Schülern etwas über das Judentum lehren soll", geben die „Politischen Hintergrundinformationen" (Deutschlanddienst) in ihrer Ausgabe vom 25. Januar 2005 (S. 23) zu bedenken.

Daß die obersten Funktionäre der Konzilskirche nicht mehr gegen das sich ständig ausbreitende Antichristentum vorgehen, sondern unentwegt ihre Stimme für diejenigen erheben, die unseren Herrn und Erlöser bis zum heutigen Tage verspotten und abgrundtief hassen (unter anderem wird im Buch „Toldath Jeschu" die Geburt Christi in der schändlichsten Ausdrucksweise wiedergegeben und steht im Talmud [Sanhedrin, 67a] die widerliche Behauptung, Jesus sei der Sohn des römischen Soldaten Pantera gewesen!), und das, obwohl der mittelalterliche Antisemitismus faktisch nicht mehr existent ist, zeigte sich erneut eindrucksvoll im März 2005: „Der Limburger Bischof Kamphaus [Anm.: Denken wir daran, daß Kamphaus im Januar 2004 mit dem 50 000 Euro hochdotierten Ignatz-Bubis-Preis geehrt wurde!] hat entschiedeneren öffentlichen Protest gegen jede judenfeindliche Äußerung und Handlung gefordert.

Zu lange hätten auch Christen zu den furchtbaren Verbrechen des vergangenen Jahrhunderts geschwiegen, sagte Kamphaus" am 13. März 2005 „in Wiesbaden bei einem Festakt zum Abschluß der christlich-jüdischen ,Woche der Brüderlichkeit' [Anm.: In Wahrheit haben *viele Juden* „zu lange" zu dem religiös motivierten Haß ihrer Glaubensbrüder gegen Katholiken geschwiegen, der im letzten Jahrhundert unter anderem in dem schrecklichen Kommunismus in einer Reihe von Staaten - stets mit paralleler blutiger Christenverfolgung, versteht sich -, mündete!]. Zwischen den Religionen gebe es einen ,breiten Boden der Gemeinsamkeit' [Anm.: St. Ignatius von Antiochien (+110) straft Kamphaus Lügen: „ ... all die treuen

102

Jünger Jesu Christi wissen sehr genau, daß die falschen Religionen nur Instrumente des Teufels sind, Seelen in die Irre zu führen und sie in einen Zustand zu versetzen, in dem sie nicht mehr gerettet werden können."[91]]

Die ‚Woche der Brüderlichkeit' richtet sich gegen weltanschaulichen Fanatismus und religiöse Intoleranz"[92], damit also gegen niemand geringeren als den Gottessohn höchstpersönlich. Schließlich duldete Christus *eben keine* andere Religion neben Sich, sondern betonte mit aller Deutlichkeit: „Ich bin der Weg und die Wahrheit und das Leben; **niemand kommt zum Vater außer durch mich"** (Joh 14, 6)!

Jedenfalls steht fest, daß Anti-Papst Johannes Paul II. der Hauptförderer des „christlich-jüdischen Dialogs" ist und daß er damit die Lehre von beinahe 2000 Jahre Kirchengeschichte einfach über den Haufen wirft. Schließlich empfing er jüngst am 18. Januar 2005 **mehr als 100 Rabbiner und jüdische Kantoren samt Familienangehörigen im Vatikan.** „Im Laufe der halbstündigen Audienz betonte das Oberhaupt der katholischen Kirche [sic!] **die Notwendigkeit eines intensiven [!] Dialogs zwischen Juden und Christen.** Johannes Paul II. warb um gegenseitiges Verständnis und **Kooperation [!] der Glaubensgemeinschaften.**

Das Oberhaupt der katholischen Kirche verwies darauf, daß vor 40 Jahren die Konzilserklärung ‚Nostra Aetate' erlassen worden war, die unter anderem von dem Vorwurf einer Kollektivschuld der Juden am Tod Christi Abstand nahm [Anm.: Stattdessen wurde in der Welt der Vorwurf einer Kollektivschuld des deutschen Volkes an den Taten Adolf Hitlers und des Nationalsozialismus etabliert!]. Die Teilnehmer der Audienz kamen überwiegend aus den USA, aber auch aus Israel, Frankreich, Indien, Kanada und Kroatien. Sie **wollten dem Papst für sein Engagement in den christlich-jüdischen Beziehungen danken."**[93]

„Wie kann es angesichts dessen, was wir heute wissen, überhaupt ein ‚jüdisch-christlich' geben?", kritisierte der zum ka-

---

[91] Brief an die Philadelphier, VIII:2; zit. nach Quote of the Day, 13.3.05; http://www.mostholyfamilymonastery.com/quotations.html

[92] hr-text, 13.3.05, S. 118

[93] Politische Hintergrundinformationen - Deutschlanddienst, Nr. 3-4 / 2005, S. 22f; Herv. v. Verf.

tholischen Glauben konvertierte US-amerikanische Jude Benjamin Freedman schon vor über 50 Jahren. „Darauf aufbauend, was jetzt bekannt ist, muß gesagt werden, daß ‚jüdisch-christlich' so unrealistisch ist, als wenn man sagen würde, irgend etwas sei ‚heiß-kalt' oder ‚alt-jung' oder ‚schwer-leicht', oder daß eine Person ‚gesund-krank' war, oder ‚arm-reich', oder ‚dumm-intelligent', ‚ignorant-gebildet' oder ‚glücklich-traurig'. Diese Worte sind Antonyme, nicht Synonyme, wie die sogenannten oder sich selbst so bezeichnenden ‚Juden' die Christen glauben machen wollen", führte Freedman in einem Brief vom 10. Oktober 1954 an einen gewissen Dr. David Goldstein, einen weiteren zum Katholizismus konvertierten Juden, aus.[94]

Schon vor über 1900 Jahren erteilte denn auch kein geringerer als der hl. Paulus dem „christlich-jüdischen Dialog" eine energische Absage: „Zieht nicht unter fremdem Joch an der Seite von Ungläubigen; denn was hat Gerechtigkeit mit Gesetzwidrigkeit zu tun? Oder was haben Licht und Finsternis miteinander gemeinsam? Wie steht Christus im Einklang mit Beliar? Oder welchen Anteil hat der Gläubige gemeinsam mit dem Ungläubigen? Wie verträgt sich der Tempel Gottes mit Götzen?" (2 Kor 6, 14ff)

Fazit: Jeder einzelne muß für sich selbst die entscheidende Frage beantworten, auf welcher Seite er steht: Auf der Seite der Traditionalisten, d.h. aller *wahren* Katholiken, die ihrem Herrn und Erlöser bis zum heutigen Tage treu geblieben sind, oder aber auf der Seite der „Kirche" bzw. Sekte des Zweiten Vatikanischen Konzils, die die Lehre Christi bereits vor 40 Jahren verraten und sich in der Folgezeit mit den ärgsten Feinden Gottes zusammengeschlossen hat. (Nicht ohne Grund verkündete die Grand-Orient-Freimaurerloge in Frankreich im Anschluß an das Zweite Vatikanum „eine gigantische Revolution in der Kirche", die als „Auftakt zum Sieg" [95] bezeichnet wurde.)

Tatsache ist: „Nur ein ganz kleiner Teil der Katholiken ist beim katholischen Glauben geblieben. Er hat sich zum Teil in

---

[94] Benjamin Freedman, "facts are facts", S. 71

[95] zit. nach Michael Dimond, "Has Rome become the Seat of the Antichrist?"; Most Holy Family Monastery, 4425 Schneider Rd., Fillmore, NY. 14735

Meßzentren und anderen kleinen Gruppen als jeweils ‚kleine Herde' gesammelt; diese können all denen als Zuflucht dienen, die sich vom Irrtum der Konzilskirche abwenden und zum wahren katholischen Glauben zurückkehren wollen. Andere treu gebliebene Katholiken aber, die abseits solcher Gruppierungen wohnen, tragen die schwere Last der religiösen Einsamkeit - auch zur Sühne für uns." [96]

„Maria und die Heiligen rufen uns wie Jesus selbst immer wieder zum Gebet und zur Buße auf. Folgen wir diesem Ruf! Jedes Opfer und jedes Gebet, das in Vereinigung mit Jesu Opfer und Gebet dargebracht wird, hat in den Augen Gottes einen unermeßlichen Wert und ermöglicht einen unschätzbaren Strom der Gnaden, der uns erst voll bewußt werden wird, wenn wir Jesus in der Fülle Seines Lichts und Seines Lebens von Angesicht zu Angesicht schauen werden!" [97]

„Sie werden sein Angesicht schauen, und sein Name ist auf ihren Stirnen. Nacht wird nicht mehr sein, und man braucht nicht das Licht einer Lampe oder das Licht der Sonne; denn Gott, der Herr, wird leuchten über ihnen, und sie werden herrschen in alle Ewigkeit" (Offb 22, 4f).

Weiterführende wichtige Informationen zu den hier dargelegten Themen finden Sie in folgenden, ebenfalls im Verlag Anton A. Schmid erschienenen Büchern des Autors dieser Schrift:

Die Entschlüsselung der Apokalypse und die Gerechtigkeit Gottes - Teil 1, 198 Seiten, durchgehend bebildert

Die Entschlüsselung der Apokalypse und die Gerechtigkeit Gottes - Teil 2, 185 Seiten, durchgehend bebildert

Entwicklung oder Schöpfung des Lebens? Band 1 - Die Evolutionstheorie als Lüge des Teufels und Fundament der Neuen Weltordnung, ca. 360 Seiten, durchgehend bebildert

---

[96] ATHANASIUS: Der Glaubensabfall in der katholischen Kirche und die Verdrängung des heiligen Meßopfers; http://link-athanasius.de/dokumente/glaubensabfall/glaubensabfall.html

[97] Thomas Ehrenberger: "Selbst Atheisten erschrecken vor der sich ausbreitenden Leere"; http://www.arbeitskreis-katholischer-glaube.de

Entwicklung oder Schöpfung des Lebens? Band 2 - Die Evolutionstheorie im Lichte der Endzeit, ca. 380 Seiten, durchgehend bebildert

(Wer zum Verbreiten von ‚Der Greuel der Verwüstung' an Heiliger Stätte" mehrere Exemplare bestellen möchte, kann gerne beim Verlag Anton A. Schmid nach günstigen Mengenrabatten fragen!)

Denken wir bei unserem beständigen Einsatz für den katholischen Glauben immer daran, daß es *nur einen einzigen* Weg der Erlösung, und damit auch *nur eine einzige wahre* Religion, gibt, und daß die größte Wohltat, die man einem Menschen hier auf Erden erweisen kann, darin besteht, ihm diesen Weg aufzuzeigen:

„St. Vinzenz Ferrer (1350-1419), der selbst mindestens 28 Tote auferweckte, 40 000 Wunder vollbrachte und mehr als 200 000 Seelen bekehrte, rief einen gewissen Juden namens Abraham wieder ins Leben, um diesen zu taufen. Dieser bezeugte ebenfalls, nachdem er dem Grab entstiegen war, daß der katholische Glauben die einzig wahre Religion auf Erden ist."[98]

Papst Leo XII. (+1824): **„Wer euch hört, hört mich, und wer euch verachtet, verachtet mich**; und die Kirche ist die Säule und die Grundfeste der Wahrheit, wie der Apostel Paulus lehrt. Bezugnehmend auf diese Worte sagte St. Augustinus: ‚**Wer auch immer ohne die Kirche ist, wird nicht zu den Söhnen gezählt werden, und wer auch immer die Kirche nicht als Mutter haben will, wird Gott nicht als Vater haben.'"**[99]

St. Fulgentius (+520) erklärte: „Jeder, der sich außerhalb dieser [nämlich der katholischen] Kirche befindet, die die Schlüssel zum Königreich des Himmels erhalten hat, befindet sich nicht auf dem Weg zum Himmel, sondern auf direktem Wege zur Hölle. Er nähert sich nicht der Wohnstätte des ewi-

---

[98] The Only-Begotten, S. 384f; zit. nach Quote of the Day, 1.12.04; http://www.mostholyfamilymonastery.com/quotations.html

[99] Ubi Primum, Nr. 22; zit. nach Quote of the Day, 12.1.05; http://www.mostholyfamilymonastery.com/quotations.html

gen Lebens; vielmehr hastet er der Pein des ewigen Todes entgegen." [100]

Und daß die *allermeisten* Menschen leider niemals das Himmelreich erben werden, steht ganz außer Frage, wie der Sohn Gottes selbst bezeugte: „Da sagte einer zu ihm: ,**Herr, sind es wenige, die gerettet werden?**' Er sprach zu ihnen: ,Müht euch, hineinzukommen durch die enge Pforte; denn **ich sage euch: Viele werden hineinzukommen suchen und es nicht vermögen**'"(Lk 13, 23f).

Der hl. Ludwig Maria von Montfort (+ c. 1710) bekräftigte: „Die Anzahl der Erwählten ist so gering - so gering -, daß wir, würden wir denn wissen, wie gering sie wirklich ist, vor Kummer ohnmächtig werden würden; einer hier und einer da, versprengt über die ganze Welt!"

Der hl. Papst Gregor der Große (+604) stellte über die geringe Anzahl der Erwählten einen trefflichen Vergleich an: „Je mehr die Bösen hervortreten, umso mehr müssen wir in Geduld mit ihnen leiden; da sich auf dem Dreschboden nur wenige Getreidekörner befinden, die in die Scheunen getragen werden, aber hoch sind die Stapel mit Spreu, die mit Feuer verbrannt werden." [101]

„ ... **der Mensch ohne Religion wird zu einem Diener des Teufels**", legt Pater Michael Muller dar[102], „**wenn er stirbt, wird Gott ihn nicht aufnehmen.** Er wird ihn von Sich stoßen und dieser Unglückliche wird in die Hände des Teufels fallen, dem er sein ganzes Leben lang gedient hat, und der ihm diesen Gefallen nun vergelten wird, indem er ihn für allezeit in der Hölle peinigt."

Der heilige Kirchenlehrer Alfons von Liguori (1696-1787) warnte ebenfalls eindringlich vor der unaufhörlichen Strafe in der Unterwelt: „Wer auch immer die Hölle erst einmal betreten hat, wird sie bis in alle Ewigkeit nie mehr wieder verlassen. Dieser Gedanke brachte David dazu, sehr besorgt zu sein und die Worte zu sprechen: , ... **die Tiefe verschlinge mich**

---

[100] F.O.F., Ausg. 3, S. 292; zit. nach Quote of the Day, 15.1.05; http://www.mostholyfamilymonastery.com/quotations.html

[101] Quote of the Day, 26.1.05; http://www.mostholyfamilymonastery.com/quotations.html

[102] Fr. Michael Muller, God the Teacher of Mankind; zit. nach Quote of the Day, 8.5.04; http://www.mostholyfamilymonastery.com/quotations.html

nicht, der Brunnen verschließe nicht über mir seinen Schlund!" (Ps 69, 16) [103]

„Der Mensch im Zustand der Todsünde gleicht einem Rebzweige, der vom Weinstock (Christus) getrennt ist. Ein solcher Zweig verdorrt und wird ins Feuer geworfen (Joh 15, 6). Die Seelen jener, die in einer Todsünde sterben, fahren alsbald in die Hölle hinab (2. Konzil von Lyon). Insbesondere kommen in die Hölle: Die Feinde Christi (Ps 109, 1); alle, die dem Evangelium nicht glaubten (Joh 3, 18); die Unzüchtigen, die Diebe, die Geizigen, die Säufer (1 Kor 6, 10); alle, welche die ihnen von Gott verliehenen Talente nicht benützten (Mt 25, 30); viele, die hier auf Erden die ersten waren (Mt 19, 30)." [104]

„Vielen gegenüber scheinen dies schwere Worte zu sein: ‚Wenn einer mir nachfolgen will, so verleugne er sich selbst, nehme sein Kreuz auf sich und folge mir nach' (Mt 16, 24). **Aber es wird sehr viel schwerer sein, diese letzten Worte zu hören: ‚Weichet von mir, ihr Verfluchten, in das ewige Feuer' (Mt 25, 41)."** [105]

Was aber erwartet die Sünder in der Hölle? Nun, der heilige Antonius von Padua etwa schreibt von einem Bruder seines Ordens, **„daß er beim Anblick des Teufels einen gewaltigen Schrei getan habe.** Die Brüder liefen vor Schrecken hinzu, fanden ihn halb tot, labten und stärkten ihn und fragten was ihm geschehen sei. Er sagte, der Teufel sei ihm erschienen und habe ihn so erschreckt, daß er schier gestorben sei. **Und als er gefragt wurde, wie der Teufel ausgesehen habe, sprach er: ‚Das kann ich nicht sagen, dennoch sage ich, daß, wenn mir die Wahl gegeben würde, ich lieber in einen brennenden Ofen hineingehen würde, als das Angesicht des Teufels noch einmal ansehen.'** Dasselbe lesen wir in der Lebensbeschreibung der heiligen Katharina von Siena. Auch diese erklärte, sie wollte lieber durch ein großes Feuer gehen, als noch einmal den bösen Feind anschauen. Ist ein augenblickliches Anschauen des bösen Geistes so schrecklich, daß

---

[103] Quote of the Day, 11.8.04; http://www.mostholyfamilymonastery.com/quotations.html

[104] Die Hölle nach Visionen von Heiligen, S. 8

[105] Imitation of Christ, S. 119; zit. nach Quote of the Day, 20.2.05; http://www.mostholyfamilymonastery.com/quotations.html

heilige Personen bekennen, es sei erträglicher in einem heißen Feuer zu brennen, ach Gott, welch ein Schrecken wird die Verdammten in der Hölle in Mitte der unzähligen bösen Geister erfassen! (P. Cochem, ‚die letzten vier Dinge').“ [106]

„Es sind alle Peinen der Hölle so grausam und schrecklich, daß sie auch den mutigsten Menschen kleinmütig machen könnten. Es ist um die Ewigkeit so etwas schreckliches, daß derjenige, der sie ernstlich betrachtet, schier von Sinnen kommt. Es hat ein betrübter Mensch bei seinen Leiden keinen so kräftigen Trost, als den, daß er weiß, daß sein Elend bald ein Ende nehmen werde.

Es liegt in unserer Natur, daß wir von allen Dingen, welche lange währen, einen Ekel bekommen, auch sogar von denen, die unserer Natur süß und angenehm sind. Sollte einer durch acht volle Tage und Nächte zu Tisch sitzen, wie würde ihm diese Mahlzeit so lang fallen! Sollte einer durch acht volle Tage und Nächte in einem sanften Ruhebett schlafen, wie würde ihm dies Schlafen so lang fallen! Sollte einer durch acht volle Tage und Nächte tanzen und springen, wie würde er des Tanzens so müde werden! Geschieht dies in denjenigen Dingen, welche unserer Natur so angenehm sind, was wird in denjenigen geschehen, welche uns so zuwider sind?

Wenn einem ein kleines Steinchen in den Schuh kommen sollte und er zur Buße acht Tage darauf gehen müßte, wie würde ihm die Buße so schwer sein! Verursacht schon ein so geringer Schmerz, wenn er längere Zeit dauert, oft eine große Ungeduld, was würde eine große Krankheit oder Qual tun, wenn sie längere Zeit andauert?

Wenn ein armer Sünder in einem großen Feuerofen mit gebundenen Händen und Füßen ein ganzes Jahr lebendig liegen müßte, würde er nicht vor unsäglichem Leid von Sinnen kommen? Gewiß wäre kein menschliches Herz so hart, das diesen armen Menschen nur einen Augenblick ohne tiefstes Mitleid ansehen könnte.

Nun blicke hinab in den Abgrund der Hölle, und du siehst Tausende und Tausende dieser Unseligen im Feuerpfuhl der Qual und Pein. Viele von ihnen haben schon zwanzig, hun-

---

[106] Die Hölle nach Visionen von Heiligen, S. 15

dert, tausend und einige fünftausend Jahre in dieser schauerlichen Marter zugebracht.

Aber alle diese müssen nicht nur noch fünftausend Jahre, nicht nur hunderttausend, nicht nur tausendmal tausend Jahre, sondern *ewig* in dieser schrecklichen Qual zubringen; ohne Trost und Labung, ohne Gnade und Barmherzigkeit, ohne Verdienst und Belohnung, ohne die mindeste Hoffnung der Erlösung. Dies ist es, was den Verdammten ihre Marter vergrößert, was sie in Wut und Verzweiflung stürzt. Was meinst du, was die Ewigkeit sei und wie lang dieselbe dauern werde? **Die Ewigkeit ist etwas, was keinen Anfang und kein Ende hat. Die Ewigkeit ist die Zeit, die allzeit bleibt und nimmer vergeht. So wird die Pein der Verdammten nie ein Ende nehmen.** Wenn tausend Jahre vorüber sind, so fangen andere tauend an. Wenn hunderttausend Jahre vorüber sind, so fangen andere hunderttausend an, und so fort in alle Ewigkeit. Weil in der Hölle weder nach Tagen noch nach Jahren gerechnet wird, sondern nur eine ewige Nacht ist, so kann kein Verdammter zählen, wie lang er in der Hölle gewesen sei, weil die erste Nacht, in welcher er hineingekommen, noch währt und nimmermehr vorüber gehen wird", so Dr. Joseph Anton Keller. [107]

„Wer kann die Verzweiflung der Verdammten in Worte fassen, mit der sie in ihrer Wut im tiefen und finsteren Schlund der Hölle toben und danach trachten werden, einander zu zerfleischen. Wie könnte man die Schreie und Seufzer beschreiben, die an diesem Ort der Pein widerhallen werden?", fragt der große Theologe und Priester Martin von Cochem (+1712) und ermahnt den Gläubigen mit aller Deutlichkeit: **„Denke darüber nach, ach Leser, denke oft darüber nach und vergeude Deine Zeit nicht mit nutzlosen Freuden, sondern sehe zu, daß Du Deine Seele rettest."** [108]

„Manche Leute sehen den Sinn ihres Lebens darin, daß

* sie Gutes tun wollen: Viele hegen diesen humanistischen Gedanken, der noch nicht spezifisch christlich ist. Gutes zu

---

[107] Die Hölle existiert - Erschütternde Tatsachenberichte, S. 96ff; Herv. v. Verf.
[108] The Four Last Things, S. 106f; zit. nach Quote of the Day, 12.1.05; http://www.mostholyfamilymonastery.com/quotations.html

tun ist zwar auch den Christen aufgetragen (Gal 6, 10; 2 Thess 3, 13), aber wer gute Werke tut, ist damit noch kein Christ.

* sie selbst zu Ansehen kommen: Sportler streben nach Weltmeistertiteln und Goldmedaillen. Künstler suchen ihre Anerkennung auf den Bühnen dieser Welt.

* sie sich Unvergängliches schaffen wollen: So meinen sie, in ihren Kindern oder in der Gesellschaft weiterzuleben (z. B. durch Stiftungen, die mit ihrem Namen verbunden sind). Andere wünschen, sich in eigenen Gedichten, Memoiren oder Tagebüchern zu verewigen.

Wir sollten bedenken: **Aller weltlicher Ruhm ist nur zeitlich. Nach unserem Tod haben wir selbst nichts mehr davon,** denn wohin wir gehen, da haben wir ,für immer keinen Anteil mehr an allem, was geschieht unter der Sonne' (Pred 9, 6). Wenn unser Leben eine Schöpfung Gottes ist, so kann es nur dann sinnvoll sein, wenn es mit diesem Gott gelebt und von ihm geführt wird. Ein Menschenherz - selbst wenn es alles Glück dieser Welt besäße - bliebe rastlos, leer und unerfüllt, wenn es nicht Ruhe in Gott fände." [109]

St. Alfons von Liguori: „Wenn der Körper dieses Fürsten ins Grab gelegt wird, zerfällt sein Fleisch; und siehe, **sein Skelett kann nicht länger von anderen Skeletten unterschieden werden. ,Gehe zum Grab', sagt Basilius, ,und sieh, ob du dort entdecken kannst, wer Diener und wer Herr gewesen ist.'"** [110]

„Wann auch immer Du am Friedhof in Deinem Wohnort vorbeikommst, **denke daran, daß Du selbst dort vielleicht bald zur Ruhe gebettet werden wirst bis zur allgemeinen Auferstehung.** Nutze deshalb die kurze Dauer des Lebens, daß Du zu den Gerechten gezählt werden und mit ihnen zu ewiger Glückseligkeit aufstehen wirst, **und nicht mit den Verdammten zu ewiger Pein",** so Martin von Cochem. [111]

---

[109] Auszug aus dem Buch "Fragen" von Werner Gitt; zit. nach Was ist der Sinn des Lebens?, http://www.jesussaves.de/Fragen/lebenundglauben/wasistdersinndeslebens.htm; Herv. v. Verf.

[110] Preparation for Death, S. 10; zit. nach Quote of the Day, 18.12.04, http://www.mostholyfamilymonastery.com/quotations.html

[111] The Four Last Things, S. 48; zit. nach Quote of the Day, 12.2.05, http://www.mostholyfamilymonastery.com/quotations.html

St. Alfons von Liguori: „Befänden sich in einer Lotterie zwei Lose, eines mit dem Wort ‚Hölle' und das andere mit dem Wort ‚Himmel' darauf, welche Sorgfalt würde man nicht walten lassen, um herauszufinden, wie man das des Himmels ziehen könnte!"[112]

Dabei sollte man immer daran denken, daß „dieses gegenwärtige Leben ein fortwährender Krieg mit der Hölle ist, in dem wir unentwegt Gefahr laufen, unseren Herrn und unseren Gott zu verlieren. Der hl. Ambrosius sagt, daß ‚wir in dieser Welt immer unter den Fallstricken von Feinden wandeln', die auf der Lauer liegen, um uns das Leben der Gnade zu rauben", mahnte St. Alfons von Liguori.[113]

„Mit Sicherheit besteht unser ganzes Leben aus einem ständigen Kampf, in dem nichts geringeres als unsere Erlösung auf dem Spiel steht", bekräftigte Papst Leo XIII. (+1903) und betonte: „Nichts ist für einen Christen schändlicher als die Feigheit."[114]

„Nach dem Tode gibt es - biblisch gesehen - keine Rettungsmöglichkeit mehr. Die Entscheidung fällt in diesem Leben ... Im Gericht werden die Bücher Gottes mit allen Details über unser diesseitiges Handeln aufgetan (Offb 20, 12). Wohl dem, der dann im Buch des Lebens steht. Die nichtchristlichen Religionen haben keine rettende Kraft. Wie viele Menschen gerettet werden, die die Frohe Botschaft nie vernahmen, sich aber nach Gott ausgestreckt (Apg 17, 27) und nach dem ewigen Leben getrachtet haben (Röm 2, 7), wissen wir nicht. Für uns aber, die wir das Evangelium gehört haben, gibt es einmal keine Entschuldigung und kein Entrinnen (Hebr 2, 3), wenn wir an dem Heil vorübergehen. Wir haben die Chance der Rettung gehabt."[115]

„ ... wenn die Ungläubigen nach dem Tod doch nur noch einmal die Gelegenheit hätten, glauben zu können [Anm.: Denn

---

[112] P.F.D., S. 20; zit. nach Quote of the Day, 8.11.04;
http://www.mostholyfamilymonastery.com/quotations.html
[113] Preparation for Death; zit. nach Quote of the Day, 22.3.05;
http://www.mostholyfamilymonastery.com/quotations.html
[114] Inimica vis Nr. 7; zit. nach Quote of the Day, 21.2.05;
http://www.mostholyfamilymonastery.com/quotations.html
[115] Errettung nach dem Tod?, Auszug aus dem Buch "Fragen" von Werner Gitt; zit. nach
http://www.jesussaves.de/Fragen/errettungsfragen/errettungnachdemtod.htm

nach dem Tod steht die offenbare Erkenntnis, daß es Gott wirklich gibt!]... Dann würde niemand auch nur zu irgendeiner Zeit verloren gehen, da alle Buße tun und [Gott] anbeten würden ... ", stellte St. Johannes Chrysostomos (+407) fest. [116]

„ ... **die Fürsten und Monarchen der Erde ... nichts bleibt von ihnen übrig außer einem Grab aus Marmor"**, beobachtete St. Alfons von Liguori. Dieses „dient jetzt dazu uns zu lehren, daß ein wenig in einem Grab eingeschlossener Staub alles ist, was von den Mächtigen dieser Welt zurückbleibt. St. Bernhard fragt: ,**Sag mir, wo sind die Liebhaber dieser Welt?**' und er antwortet darauf: ,**Nichts verbleibt von ihnen, außer Asche und Würmern.'"** [117]

Papst St. Gregor der Große: „Es steht geschrieben: ,*Wer also ein Freund der Welt sein will, macht sich zum Feinde Gottes'* (Jak 4, 4). Wer sich deshalb über das herannahende Ende der Welt nicht freut, bezeugt damit, daß er deren Freund ist, und hierdurch wird er als Feind Gottes erkennbar." [118]

St. Alfons von Liguori: „Leute, die diese Welt lieben, sind uneinsichtig gegenüber den Dingen Gottes; sie erfassen nicht das Glücksgefühl der ewigen Herrlichkeit. Im Vergleich dazu sind die Freuden dieser Welt nichts weiter als Elend und Trübsal. Hätten sie doch bloß eine Vorstellung und ein lebhaftes Gefühl von der Glorie des Paradieses, so würden sie sicherlich ihre Besitztümer aufgeben - sogar Könige würden auf ihre Krone verzichten - und würden sich, dergestalt von der Welt freigemacht, ins Kloster zurückziehen, um ihre ewige Erlösung sicherzustellen." [119]

Der um das Jahr 150 verstorbene heilige Klemens von Rom, der viele Angehörige des römischen Adels bekehrte, ermahnt uns ebenfalls mit Nachdruck: „**Und wisset, meine Brüder, daß unser Aufenthalt in dieser Welt im Fleische nur kurz und flüchtig ist. Das Versprechen Christi aber ist großartig und wunderbar**, und bringt uns Ruhe im Königreich, das kommen wird, und im ewigen Leben. Wenn wir also den Wil-

---

[116] Quote of the Day, 9.5.04; http://www.mostholyfamilymonastery.com/quotations.html

[117] ebd. 5.2.05; http://www.mostholyfamilymonastery.com/quotations.html

[118] zit. nach Quote of the Day, 30.3.05; http://www.mostholyfamilymonastery.com/quotations.html

[119] The True Spouse of Jesus Christ, S. 57; zit. nach Quote of the Day, 22.2.05; http://www.mostholyfamilymonastery.com/quotations.html

len Christi befolgen, werden wir Frieden erlangen; wenn wir es aber nicht tun, wenn wir Seine Gebote außer acht lassen, wird uns nichts [!] vor der ewigen Strafe bewahren." [120]

Und das höchste Gebot Christi lautet: „Du sollst den Herrn, deinen Gott, lieben aus deinem ganzen Herzen, aus deiner ganzen Seele, aus deinem ganzen Denken und aus deiner ganzen Kraft" (Mk 12, 30).

Des weiteren forderte unser Herr und Erlöser uns immer wieder zur Nächstenliebe auf: „Ein neues Gebot gebe ich euch, daß ihr einander liebet; wie ich euch geliebt habe, so sollt auch ihr einander lieben. Daran werden alle erkennen, daß ihr meine Jünger seid, wenn ihr Liebe habt untereinander" (Joh 13, 34f).

„Wenn du ein Mittagessen oder ein Abendmahl gibst, so lade nicht deine Freunde ein, auch nicht deine Brüder und Verwandten und nicht reiche Nachbarn; sonst laden auch sie dich wieder ein, und du empfängst die Gegengabe. Lade vielmehr, wenn du ein Gastmahl gibst, Arme und Krüppel ein, Lahme und Blinde, und du wirst selig sein, weil sie keine Möglichkeit haben, dir zu vergelten; denn vergolten wird dir bei der **Auferstehung der Gerechten**" (Lk 14, 12ff).

„Dann werden ihm die Gerechten entgegnen: Herr, wann haben wir dich hungrig gesehen und dich gespeist, oder durstig und dich getränkt? Wann haben wir dich als Fremdling gesehen und dich beherbergt? Oder nackt und dich bekleidet? Wann haben wir dich krank gesehen oder im Gefängnis und sind zu dir gekommen? Und der König wird ihnen antworten: Wahrlich, ich sage euch: Was ihr getan habt einem von diesen meinen geringsten Brüdern, habt ihr mir getan" (Mt 25, 37-40).

Papst St. Leo IX., 13. April 1053: „Ich glaube, daß die eine wahre Kirche heilig, katholisch und apostolisch ist, in der es nur eine einzige Taufe gibt, und an die wahre Vergebung aller Sünden. **Ich glaube auch an eine wahre Auferstehung dieses Leibes, den ich jetzt trage, und an das ewige Leben.**" [121]

---

[120] F.O.F., Ausg. 1, S. 43; zit. nach Quote of the Day, 2.1.05; http://www.mostholyfamilymonastery.com/quotations.html

[121] Congratulamur Vehementer; zit. nach Quote of the Day, 5.2.05; http://www.mostholyfamilymonastery.com/quotations.html

„ ... denn erschallen wird die Posaune, und **die Toten werden als Unverwesliche auferweckt,** und wir werden verwandelt werden" (1 Kor 15, 52).

„**Was kein Auge sah und was kein Ohr vernahm und was in eines Menschen Herz nicht drang, was Gott denen bereitete, die ihn lieben**" (1 Kor 2, 9).

„Wer an den Sohn glaubt, hat ewiges Leben; **wer aber nicht hört auf den Sohn, wird das Leben nicht schauen,** sondern Gottes Zorn bleibt auf ihm" (Joh 3, 36).

„Wahrlich, wahrlich, ich sage euch: **Wer nicht durch die Tür hineingeht in das Gehege der Schafe, sondern anderswo einsteigt, der ist ein Dieb und Räuber. ... Ich bin die Tür**" (Joh 10, 1.9).

„Und **in keinem anderen ist das Heil;** denn es ist auch **kein anderer Name unter dem Himmel,** der gegeben wäre unter Menschen, **daß wir in ihm sollten gerettet werden**" (Apg 4, 12).

„**Selig, die ihre Kleider im Blute des Lammes waschen! Sie sollen Anrecht erhalten auf den Baum des Lebens und durch die Tore eingehen in die Stadt.** Draußen aber sind die Hunde und die Zauberer, die Unzüchtigen und die Mörder, die Götzendiener und ein jeder, der die Lüge liebt und sie begeht" (Offb 22, 14f).

„**Bleibt einer nicht in mir, wird er hinausgeworfen** wie die Rebe; sie aber verdorrt, und man trägt sie alle zusammen **und wirft sie ins Feuer, und sie verbrennen**" (Joh 15, 6).

„Denn so sehr liebte Gott die Welt, daß er seinen eingeborenen Sohn hingab, **damit jeder, der an ihn glaubt, nicht verlorengehe,** sondern ewiges Leben habe" (Joh 3, 16).

„Ich bin dazu geboren und dazu in die Welt gekommen, daß ich Zeugnis gebe für die Wahrheit. **Jeder, der aus der Wahrheit ist, hört auf meine Stimme**" (Joh 18, 37).

„Wahrlich, wahrlich, ich sage euch: Wenn einer auf mein Wort achtet, **wird er den Tod nicht schauen in Ewigkeit**" (Joh 8, 51).

„**Das aber ist das ewige Leben, daß sie dich erkennen, den allein wahren Gott, und den du gesandt hast, Jesus Christus**" (Joh 17, 3).

„Ich bin die Auferstehung und das Leben. Wer an mich glaubt, wird leben, auch wenn er gestorben ist; und jeder, der lebt und an mich glaubt, wird nicht sterben in Ewigkeit" (Joh 11, 25f).

Anhang: Jüngste Meldungen

Nach wochenlanger schwerer Krankheit segnete Johannes Paul II. am Abend des 2. April 2005 um 21:37 MESZ in seinen Privaträumen im Vatikan das Zeitliche, um vor seinen ewigen Richter zu treten und dort für seine Taten Rechenschaft abzulegen.

Gut zwei Wochen später wurde am 19. April 2005 im vierten Wahlgang nach 26 Stunden „Konklave" der am 16. April 1927 im bayerischen Marktl am Inn geborene **Joseph Ratzinger**, über den in dieser Schrift schon einiges gesagt worden ist, zum Nachfolger Karol Wojtylas gewählt.

Benedikt XVI., wie sich Ratzinger nennt, war zuvor Dekan des Kardinalskollegiums und bereits seit 1981 Präfekt der Kongregation für die Glaubenslehre gewesen. (Da es sich dabei um die höchste Instanz für die Interpretation und Verteidigung der katholischen Lehre handelt, hätte Ratzinger also die Pflicht gehabt, den schlimmen Häretiker Karol Wojtyla während dessen langer Regentschaft ein ums andere Mal in die Schranken zu weisen!) „Er galt als **einer der bedeutendsten Kardinäle** und wurde häufig als **theologisch und kirchenpolitisch rechte Hand Papst Johannes Pauls II.** bezeichnet. ... Am Sonntag, den 24. April 2005 erhielt Benedikt XVI. im Rahmen eines festlichen Gottesdienstes am Petersplatz den Fischerring und das Pallium als Zeichen des [nur scheinbaren!] Petrusdienstes." [122]

Vielen Katholiken stellte sich seinerzeit die Frage, ob es nun endlich zu einem Kurswechsel kommen und sich der Vatikan auf alte Werte besinnen würde. Schließlich gilt der Mann aus Bayern schon lange als „Erzkonservativer", der sich seit Jahren etwa gegen Priesterehen, gleichgeschlechtliche Lebenspartnerschaften und künstliche Formen der Empfängnisverhütung deutlich aussprach.

„Auch in Fragen der Ökumene wird **Ratzinger** von Kritikern eher als Bremser gesehen, jedoch **gestattete** er **dem** Taizégründer und **Protestanten Frére Roger** bei der Messe zur

---

[122] Benedikt XVI. - Wikipedia, http://de.wikipedia.org/wiki/Joseph_Ratzinger; Herv. v. Verf.

117

Beerdigung Johannes Pauls II. **die Teilnahme an der Kommunion, was von einigen Beobachtern als Sensation aufgenommen wurde."** [123]

Wird Benedikt XVI. also gegen die Unterwanderung des Vatikans durch Freimaurer vorgehen und etwa wichtige Posten mit glaubenstreuen Katholiken besetzen? Nein, denn kurz „nach seiner Amtseinführung bestätigte der neue Papst alle [!] Leiter der Kongregationen. Seine eigene ehemalige Funktion als Vorsitzender der Glaubenskongregation übertrug er, knapp einen Monat später, dem Erzbischof von San Francisco, William Joseph Levada." [124]

Bezeichnenderweise ist die Wahl des Deutschen Joseph Ratzinger gerade in Israel überwiegend höflich aufgenommen worden. „Staatspräsident **Mosche Katzav** würdigte Ratzinger als **Versöhner zwischen den Religionen.** Der frühere **Oberrabbiner Meir Lau** erklärte im Rundfunk, er gehe davon aus, daß **der neue Papst mit Entschlossenheit gegen antisemitische [sic!] Strömungen vorgehen** werde. Aus dem Außenministerium hieß es, man hoffe auch angesichts des 'Hintergrunds des neuen Papstes', daß dieser als 'kräftige Stimme gegen Antisemitismus' zu vernehmen sein werde." [125]

Auf die Frage des „Spiegel", während eines längeren Interviews, an Katzav: „Herr Staatspräsident, Ihr Land fühlte sich dem verstorbenen Papst Johannes Paul II. sehr verbunden [Anm.: Aus gutem Grund, wie wir bereits wissen, war Karol Wojtyla doch selbst Jude!]. Was erwarten Sie von seinem Nachfolger, dem Deutschen Joseph Ratzinger?" antwortete der Israeli: „**Johannes Paul II.** nannte uns Juden die älteren Brüder der Christen. Er stand für Menschlichkeit, Dialog und Versöhnung und **legte den Grundstein für die Zusammenarbeit der Religionen.** Ich glaube, **Benedikt XVI. wird diesen Weg mit großer [!] Entschlossenheit weitergehen** und die guten Beziehungen zwischen der [konzils-]katholischen Kirche und dem [talmudgläubigen] Judentum pflegen." [126]

---

[123] ebd.

[124] ebd.

[125] Politische Hintergrundinformationen - Deutschlanddienst, Nr. 15-16 / 2005, S. 116; Herv. v. Verf.

[126] Der Spiegel, 25.4.05, S. 119; Herv. v. Verf.

118

„US-Präsident Bush hat den neuen Papst Benedikt XVI. als 'Mann großer Weisheit' bezeichnet. ... **Der Vorsitzende des Jüdischen Weltkongresses, Singer, würdigte Ratzinger als intellektuellen Wegbereiter der Annäherung zwischen Judentum und [konzils-]katholischer Kirche.** Frankreichs Staatspräsident Chirac wünschte Benedikt XVI. alles Gute für die 'bedeutende Mission'." [127]

„In einem Geburtstagsgruß an den ehemaligen Oberrabbiner von Rom verpflichtet Benedikt XVI. sich, den Dialog mit der jüdischen Gemeinde fortzuführen", hieß es am 9. Mai 2005.

„Die Geburtstagsbotschaft an den 90jährigen Rabbi Elio Toaff wurde ... in Rom während einer Feier für den Rabbi von dem Präsidenten der Kommission für Religiöse Beziehungen mit den Juden Kardinal Walter Kasper verlesen.

'In Anerkennung gegenüber Gott möchte ich Ihnen für die guten Beziehungen danken, die mit dem Heiligen Stuhl geknüpft wurden; besonders während des Pontifikats meines verstorbenen Vorgängers', sagte der Heilige Vater in seinem Brief.

'Ihr Geburtstag ist eine Gelegenheit, die Verpflichtung [!] zu erneuern, den Dialog zwischen uns fortzuführen; wir schauen mit Zuversicht in die Zukunft', fügte er hinzu.

'Ich danke dem ewigen Vater für das lange und fruchtbare Leben, das er Ihnen gewährt hat, während dem sich die Güte Gottes viele Male offenbarte', schrieb Benedikt XVI.

'Ich habe wirklich nicht damit gerechnet', sagte Rabbi Toaff, der erste Rabbi, der (nach dem hl. Petrus) einen Papst im Jahre 1986 in einer Synagoge willkommen hieß." [128] Bei der Feier anwesend war unter anderem auch „Kardinal" Camillo Ruini, der Vikar für die Diözese Rom.

---

[127] ARDtext, 20.4.05, S. 117; Herv. v. Verf.

[128] Zenit News Agency - The World Seen From Rome, 9. Mai 2005, Benedict XVI. Sends Birthday Greetings to Rabbi - Commits to "Continue the Dialogue", http://www.zenit.org/english/visualizza.phtml?sid=70643

Links: „Kardinal" Joseph Ratzinger unter Schismatikern von verschiedenen Fraktionen bei einer interkonfessionellen Veranstaltung im Vatikan, bei der das Vorübergehen des Jahrtausends gefeiert wurde. Das rechte Photo vom 25. April 2005 zeigt den „erzkonservativen" Benedikt XVI. abermals umgeben von Schismatikern im Vatikan, wo er den ehemaligen KGB-Agenten und russischen Patriarch Kirill von Smolensk begrüßt. Die Schismatiker, die sich orthodox nennen, akzeptieren weder das Dogma der unbefleckten Empfängnis Mariens noch die päpstliche Unfehlbarkeit.

Im Jahr 1999 wurde der gegenwärtige Präfekt der Glaubenskongregation „Erzbischof" William Levada während einer Stadion-Messe von einer jungen Meßdienerin beweihräuchert. Dabei sagt die Hl. Schrift ausdrücklich, daß Frauen diese Position in der Kirche nicht ausüben sollen: „Daß eine Frau lehre, gestatte ich nicht ... Es wurde ja Adam zuerst geschaffen und dann Eva.

Und Adam wurde nicht verführt, doch die Frau ließ sich verführen und kam zu Fall", so der hl. Paulus (1 Tim 2, 12ff). „Wie bei allen Gemeinden der Heiligen sollen die Frauen in den Versammlungen schweigen; denn es ist ihnen nicht gestattet zu reden, sondern sie sollen sich unterordnen, wie auch das Gesetz es sagt. Wollen sie aber Auskunft in etwas, so mögen sie zu Hause ihre Männer fragen; denn es steht der Frau nicht gut an, in der Versammlung zu reden" (1 Kor 14, 33ff). „Indem sie diese Textstellen richtig auslegten ... haben sowohl der hl. Pius X. als auch Benedikt XV. im Gesetzbuch des Kanonischen Rechts von 1917 förmlich verboten, daß weibliche Akolythen bei der Messe assistieren oder Zutritt zum Altar haben (Kanon 813, Nr. 2). Es scheint, daß der Ungehorsam gegenüber dieser Lehre der Hl. Schrift und der Bruch mit einer 2000jährigen Tradition zur Vorbedingung wurden, in der Konzilskirche die Karriereleiter hinaufzusteigen. Dies würde erklären, warum ein 'Erzbischof', der Meßdienerinnen befürwortet, auserwählt wurde, zum 'Hüter' des Glaubens und der Moral in der Kirche zu werden. Zweifellos ein Zeichen der Zeit ... "*

(Quellenhinweise: Oben links: http://www.traditioninaction.org/RevolutionPhotos/A104rcRatz-Schismaticsl.htm; Oben rechts: ebd.; Unten: http://www.traditioninaction.org/RevolutionPhotos/-A103rcLevadaGirl.htm; *: ebd.)

Der (nur scheinbare!) Stellvertreter Christi wird in Deutschland erfolgreich „vermarktet": es gibt nicht nur das Papst-Bier, sondern auch die Ratzinger-Torte und Ratzinger-Schnitten. (Könnte man sich etwa Christus-Bier oder Christus-Schnitten vorstellen?!? Selbstverständlich nicht!)

Eine Auswahl von Ratzinger-Schnitten.

(Quellenhinweise: http://cathcon.blogspot.com/2005/06/when-liturgical-barbarians-arrived-in.html)

121

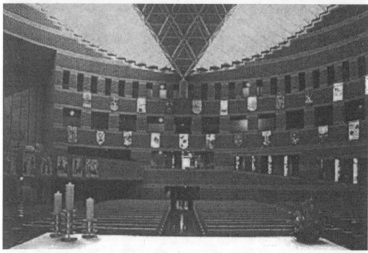

Photos der „Kathedrale" von Evry in Frankreich in der Nähe von Paris.
Man sollte bedenken, daß eine Kathedrale die Kirche eines Bischofs ist!
(Wem ähneln diese Photos mehr? Dem Katholizismus oder nicht doch eher
der Freimaurerei?!?)

(Quellenhinweise: Oben: http://perso.wanadoo.fr/bernard.lecomte/cathedrale-evry/textes/interieur.htm; Unten: ebd.)

*Hier die abstoßende Kapelle der französischen Kathedrale von der gegenüber-
liegenden Seite.*

*Links: Was soll das für eine merkwürdige Gestalt sein, die da in der Kapelle
aufgestellt wurde?!? (Die Novus-Ordo-Kirchen sind einfach nur häßlich und
stellen in den Augen Gottes einen regelrechten Greuel dar!) Rechts: Die „katholische" Kirche „St. John Vianney" in Acton, im US-Bundesstaat Massachu-
setts. (Wie kann irgendjemand allen Ernstes behaupten, in den „Kirchen" der
Konzilssekte werde Christus geehrt?!?)*

(Quellenhinweise: Oben: http://perso.wanadoo.fr/bernard.lecomte/cathedrale-evry/textes/interi-
eur.htm; Unten links: ebd.; Unten rechts: http://www.novusordowatch.org/archive2005-05.htm)

Dieses Photo zeigt, wie in der „katholischen" Pfarrgemeinde „St. Francis of Assisi" in San Jose im US-Bundesstaat Kalifornien eine Novus-Ordo-Messe zelebriert wird. (Wer will hier noch von einem „Altar" sprechen?!?)

Links: Ein häßlicher „Altar" in einer schönen Kirche. (Ja, bei dem weißen Ding handelt es sich um den „Altar"!) Rechts: Der „Altar" einer „katholischen" Kirchengemeinde in England. (Die Katholiken sollten endlich aufwachen und zu Sinnen kommen! Dies ist nicht die katholische Religion!!!)

(Quellenhinweise: Oben: http://www.stfrancisofassisi.com/activities/triddum1/14.jpg; Unten links: http://www.novusordowatch.org/archive2003-09.htm; Unten rechts: http://www.novusordowatch.org/archive2004-01.htm)

Anläßlich „100 Jahre Mutterhaus der Franziskanerinnen von Vöcklabruck" in Österreich feierten die Franziskanerinnen am 5. Juni 2005 in der renovierten und neu gestalteten Mutterhauskapelle gemeinsam mit Konzilsbischof Dr. Maximilian Aichern einen Dank„gottesdienst". Im Rahmen der Feier „konsekrierte" Aichern auch den neuen „Altar". (Man sollte bedenken, daß dies angeblich ein Altar für Gottes „heiligstes Opfer" ist; für den kostbarsten Schatz also, der uns von Jesus Christus höchstpersönlich anvertraut worden ist!)

(Quellenhinweise: http://www.dioezese-linz.at/redaktion/index.php?action_new=Lesen&Article_ID=580)

Links: Der wunderschöne Hochaltar der Kirche von Marktl am Inn, in der Joseph Ratzinger einst getauft wurde. Bereits im Jahre 1967 wurde er von den antikatholischen „Erneuerern" entfernt und in eine Nebenkapelle gebracht. Rechts: Anstelle des Hochaltars wurde dieser „Kamin" aufgerichtet, der seitdem von den „Gläubigen" verehrt wird.

Ein Blick in die Kirche, die Opfer des boshaften nachkonziliaren Bildersturms geworden ist.

(Quellenhinweise: alle Photos: http://cathcon.blogspot.com/2005/06/when-liturgical-barbarians-arrived-in.html)

126

Ein konzilskatholischer „Gottes"dienst aus den USA. Was um alles in der Welt haben ein Teddy-Bär und die Zeichentrickfigur Rosaroter Panther am „Altar" zu suchen?!? (Wer immer noch meint, hier werde die wahre Messe zelebriert, ist wohl von allen guten Geistern verlassen!)

Von der Tiara zum Feuerwehrhelm! Am Ende des Zweiten Vatikanischen Konzils wurde die dreifache Papstkrone (links), die das Prophetenamt, das Königtum und das Priestertum symbolisiert, beiseitegelegt und jetzt auch aus dem päpstlichen Wappen entfernt. Das rechte, rund 40 Jahre nach Abschluß des Konzils gemachte Photo zeigt „Papst" Benedikt XVI. mit einem Feuerwehrhelm, den er sich zur Belustigung der Leute aufgesetzt hat.

(Quellenhinweise: Oben: http://mtcarmelcubs.org/events/2005/Mass/Pin/N8313600.jpg; Unten links: Catholic Church Conservation: The Triple Tiara, http://cathcon.blogspot.com/2005/06/triple-tiara.html; Unten rechts: ebd.)

Es gibt also nicht den geringsten Zweifel, daß der neue Schein-Papst den antichristlichen „interreligiösen Dialog" fortführen wird, nicht nur mit dem Judentum: „Papst **Benedikt XVI. will den Dialog zwischen Christen und Muslimen fortsetzen.** Er versichere, daß die Kirche weiterhin Brücken der Freundschaft zu den Anhängern aller [!] Religionen bauen wolle, sagte der Pontifex bei einer Audienz mit Vertretern anderer Religionen und anderer christlichen Konfessionen in Rom.

Gleichzeitig unterstrich er, daß er sich um die **Einheit der christlichen Kirchen** bemühen werde." [129] (Man bedenke: Es gibt nur *eine einzige* christliche Kirche, nämlich die katholische! Will Ratzinger wirklich die Einheit der Christen, so müßte er alles dafür tun, die vom Glauben abgefallenen Häretiker und Schismatiker in diese Kirche zurückführen.)

Folgerichtig kritisierte der Vorsitzende der konzilskatholischen Deutschen Bischofskonferenz, Rotary-Kardinal Lehmann, das öffentliche Bild der Deutschen vom neuen „Papst" und forderte diesbezüglich eine Kurskorrektur. „Er kämpfe schon länger gegen ein 'zu verzerrtes Bild' des ehemaligen Kardinals **Joseph Ratzinger**, sagte Lehmann [am 21. April 2005] im ARD/ZDF-Morgenmagazin.

In Deutschland habe man sich nicht richtig mit den Schriften Ratzingers beschäftigt, der ein 'genialer Theologe' und **Garant für die Fortsetzung des Zweiten Vatikanischen Konzils** sei. Das **Konzil gilt als Meilenstein für den Reformprozeß der katholischen Kirche.**" [130]

Tatsächlich führt Ratzinger exakt die Linie Karol Wojtylas fort, weshalb Mitte Mai 2005 auch von einem „Überraschungscoup" des neuen Schein-Papstes gesprochen wurde. So soll der im April gestorbene Johannes Paul II. rasch selig gesprochen werden. „Unter dem Jubel des römischen Klerus ordnete der neue Pontifex Benedikt XVI. am Freitag [Anm.: den 13. Mai 2005] an, daß der Prozeß zur Seligsprechung sofort beginnen soll.

---

[129] RTLtext, 25.4.05, S. 122; Herv. v. Verf.
[130] ZDFtext, 21.4.05, S. 125; Herv. v. Verf.

Um dies zu erreichen, setzte Joseph Ratzinger sogar die übliche fünfjährige Wartezeit außer Kraft. In Rom gilt es bereits als sicher, daß damit **eine der schnellsten Seligsprechungen der Kirchengeschichte** bevorsteht." [131]

„Bei seinem Besuch **in Köln** im August **will** Papst **Benedikt XVI.** auch **die dortige Hauptsynagoge besuchen.** Das sagte der Papst dem israelischen Vatikan-Botschafter Oded Ben-Hur. **Benedikt XVI. stellt sich damit in die Tradition seines Vorgängers** Johannes Paul II., der 1986 als erster Papst überhaupt ein jüdisches Gotteshaus - die Synagoge von Rom - besucht hatte. Benedikt XVI. reist im August anläßlich des Weltjugendtages nach Köln." [132]

Wie „die tageszeitung" am 7. Juli 2005 (Herv. v. Verf.) berichtete, hat Israels Regierungschef **Scharon Papst Benedikt XVI. zu einem Besuch nach Israel eingeladen.** „Kommunikationsministerin Izik übergab bei einer Audienz im Vatikan dem Papst ein entsprechendes Schreiben Scharons. Benedikt XVI. habe geantwortet, daß **Israel auf der Liste seiner vorrangig geplanten Besuche** stehe, sagte Izik."

Es steht also ganz außer Frage, daß führende Vertreter der Konzilskirche unter Benedikt XVI. den Talmudisten bei der Gestaltung „ihrer" Religion auch weiterhin maßgeblichen Anteil zugestehen werden. Schließlich offenbarte der Wiener „Erzbischof" Schönborn bereits im Frühjahr 2005, wem seine Sympathien gelten. **„Dem Judentum billigte Kardinal Schönborn eine große [!] Rolle für die Zukunft des [Konzils-]Katholizismus zu.** Während die Kirche 'lange Zeit' den Fehler gemacht habe, dem jüdischen Glauben sein Existenzrecht abzusprechen, schöpften die katholischen Erneuerungsbewegungen heute viel Kraft aus der Rückbesinnung auf diesen. '*Bei jeder Erneuerung* (Er meint Umkrempelung und Verfälschung des Glaubens) *ist eine tiefe Liebe zum Judentum feststellbar*', sagte Schönborn, der in Galiläa an einem Treffen einer dieser 'Movimenti', des '*Neocatechumenate Way*', teilgenommen hatte. Schönborn bezeichnete es als 'lebenswichtig' für die Zukunft des Katholizismus, die Bibel künftig '*im Lichte ihrer jüdischen Auslegung*' zu studieren. (Frage PHI:

---

[131] RTLtext, 14.5.05, S. 131; Herv. v. Verf.

[132] Politische Hintergrundinformationen - Deutschlanddienst, Nr. 19-20 / 2005, S. 149f

Warum sollen sich Christen ihre Bibel von Angehörigen einer anderen Religion auslegen lassen?)" [133]

Schönborn scheint die Worte der Hl. Schrift nicht zu kennen, wo es heißt: „Da gilt nicht mehr Jude und Hellene, nicht Sklave und Freier, nicht Mann und Frau; denn alle seid ihr eins in Christus Jesus. **Seid ihr aber Christi, so seid ihr Abrahams Nachkommenschaft und der Verheißung gemäß Erben"** (Gal 3, 28f). Die nachchristlichen Juden haben keinen Bund mit Gott mehr; wie alle anderen Menschen müssen *auch sie* sich aufrichtig zu Jesus Christus bekehren und Seine Gebote befolgen, wollen sie ihre unsterbliche Seele vor der ewigen Verdammnis bewahren!

Jedenfalls ist der beständige Einsatz für die Ziele der „Synagoge Satans" (Offb 2, 9) - unter anderem Beseitigung des Patriotismus und Errichtung einer überstaatlichen Neuen Weltordnung - und damit der Kampf gegen den fiktiven „Antisemitismus" ganz offensichtlich zum Hauptanliegen der Konzilssekte geworden: „Zur alljährlichen 'Woche der Brüderlichkeit' sollte man eigentlich meinen, daß Versöhnung und Frieden, Gnade und Barmherzigkeit im Mittelpunkt stehen. ... Der **Hamburger Erzbischof Werner Thissen** ... [jedoch] **forderte** in seiner Eröffnungsrede [Ende Februar 2005] **zur ewigen [!] NS-Bewältigung** auf: 'Wir dürfen uns diesen Schmerz nicht ersparen.' Er sei auf eine Wunde zurückzuführen. 'Diese **Wunde ist notwendig,** damit all **der Unrat und Dreck von Fremdenfeindlichkeit und Nationalismus** immer mehr **herausgespült** werden kann', quacksalberte Thissen unbrüderlich [Anm.: Andersdenkende als „Unrat und Dreck"?!?]. Ob seine Exzellenz schon einmal von Jesus gehört hat, dem Gottessohn, der in Wunden nicht demagogisch herumstocherte, sondern sie heilte?" [134]

In der Tat, man möchte gerne wissen, welche Religion Leute wie Thissen überhaupt vertreten, die katholische ist es jedenfalls nicht mehr. Schließlich steht sowohl im Alten als auch im Neuen Testament nichts von einer „ewigen Wunde", sondern das exakte Gegenteil dessen geschrieben: „Er vergibt deine ganze [!] Schuld, heilt alle [!] deine Gebrechen" (Ps

---

[133] ebd.Nr. 15-16 / 2005, S. 116; Herv. im Orig.
[134] Nation & Europa, April 2005, S. 57; Herv. v. Verf.

103, 3). „So erfüllte sich, was gesagt ist durch den Propheten Isaias: 'Er nahm unsere Gebrechen und trug unsere Krankheiten fort'" (Mt 8, 17)!

Das scheint die vom wahren Glauben abgefallene (evangelische und konzilskatholische) „Geistlichkeit" nicht mehr zu interessieren. Schließlich reitet sie immer wieder auf dem gleichen Thema herum: „Der Bischof der Evangelischen Kirche von Kurhessen-Waldeck, Hein, hat in Kassel vor einem Wiederaufleben des Antisemitismus in Deutschland gewarnt. Wer den millionenfachen Mord an den Juden leugne, verharmlose oder gar die Opfer als Täter darstelle, leiste dem Antisemitismus vorsätzlich oder fahrlässig Vorschub, sagte Hein zu der Affäre um den CDU-Politiker Hohmann. Anläßlich des bevorstehenden Jahrestages der Reichsprogromnacht am 9. November 1938 rief Hein" am 7. November 2003 „dazu auf, sich der eigenen Geschichte selbstkritisch zu stellen [Anm.: Das sollten *gerade die Juden* tun!]." [135]

Was die Forderung zur „ewigen NS-Bewältigung" anbelangt, so sollte man bedenken, daß die einzigen, die im Hinblick auf ihre Gegner *seit jeher* von einer „ewigen Schuld" sprechen, interessanterweise gerade Talmudisten sind. So erklärte etwa **Michel Friedman**, der ehemalige stellvertretende Vorsitzende des Zentralrats der Juden in Deutschland schon vor vielen Jahren über die Deutschen unverhohlen, **Versöhnung** sei ein **absolut sinnloser Begriff**. „Den Erben des judenmordenden Staates kommt gar nichts anderes zu, als die **schwere historische Verantwortung auf sich** zu **nehmen, generationenlang, für immer."** [136]

Der 1945 im Iran geborene **israelische Staatspräsident Moshe Katsav** hielt am 31. Mai 2005 eine Rede vor dem Bundestag im Reichstagsgebäude in Berlin auf hebräisch. „Bei der obligaten Sondersitzung des Bundestages schleuderte er den Abgeordneten ... wörtlich entgegen: 'Für die Shoa kann es **weder Vergeben noch Verzeihen** geben.' Die Shoa, wie die Israelis die NS-Judenverfolgung nennen, werde 'immer den Anfangs- und den Schlußpunkt bilden; sie ist das schwarze

---

[135] hessentext, 7.11.03, S. 117

[136] zit. nach David Korn, Wer ist wer im Judentum, S. 146; Herv. v. Verf.

Loch, in dem ein Großteil der Lichtstrahlen verschwin-
det'." [137]

In seiner Rede forderte Katzav die Abgeordneten auch ausdrücklich auf, „alle neo-nazistischen Parteien als ungesetzlich
zu erklären, und vertrat die Ansicht, daß Deutschland es sich
schuldig sei, die Verbreitung von Nazi-Ideologie zu verbieten.
Katzavs Rede wurde mit großem [!] Applaus bedacht.
(Anm.: PHI: Nun stellen wir uns einmal vor, der bundesdeut-
sche Präsident Horst Köhler hätte bei seiner Ansprache vor
dem israelischen Parlament die Forderung erhoben, irgendwelche Parteien in Israel als ungesetzlich zu erklären und alle
nationalistische Ideologie gänzlich zu verbieten. Ob dann auch
alle israelischen Abgeordneten großen Applaus gespendet hätten?)" [138]

Bereits am 5. Mai 2005 hatte der israelische Ministerpräsident
Ariel Scharon auf dem Gelände des ehemaligen deutschen
Konzentrationslagers Birkenau vor rund 20 000 jungen Juden
aus aller Welt zur „Erinnerung" gemahnt. „'Erinnert Euch
immer an die Opfer - **vergeßt niemals [!] die Mörder**', forderte er die Teilnehmer des 'Marsches der Lebenden' auf. Die
Jugendlichen waren von Auschwitz aus durch das Lagertor ...
in einem Schweigemarsch bei Dauerregen nach Birkenau ge-
zogen, um 60 Jahre nach der Befreiung der Konzentrationslager der ... Opfer ... zu gedenken. Viele der Teilnehmer trugen
israelische Flaggen." [139]

Nicht nur scheinen sich konzilskirchliche „Hirten" wie Werner Thissen der haßerfüllten Meinung von Leuten wie Friedman und Katzav angeschlossen zu haben, wie ihre evangelischen Kollegen faseln auch sie ständig über den nicht näher
definierten „Antisemitismus": „Die **Bischöfe** von Fulda und
Kurhessen-Waldeck, Algermissen und Hein, **haben** [Ende
April 2005] **vor neuen antisemitischen Strömungen gewarnt.** [Anm.: Der rechtschaffene Jude Israel Shamir erklärte,
„Kampf gegen Antisemitismus" bedeute *nicht* „Kampf gegen
antijüdische Diskriminierung", „denn diese existiert nicht, und

---

[137] Nation & Europa, Juli/August 2005, S. 85; Herv. v. Verf.

[138] Politische Hintergrundinformationen - Deutschlanddienst, Nr. 23-24 / 2005, S. 183; Herv. v.
Verf.

[139] Fuldaer Zeitung, 6.5.05; Herv. v. Verf.

von Moskau über Paris bis nach New York besetzen Juden die Spitzenpositionen der Macht ... Es hat auch nichts mit dem lange schon verschwundenen historischen Antisemitismus zu tun, der rassischen antijüdischen Theorie ... Der 'Kampf gegen den Antisemitismus' ist ein theologisches Konzept, das sich auf die jahrhundertealte Frage bezieht: 'sind alle Menschen gleich, gleich wichtig und Gott gleich nahe, oder sind die Juden etwas höhergestellt, während der Rest die Kinder eines unbedeutenderen Gottes sind'? Die erste Aussage stammt vom hl. Paulus, das zweite Motto hatte sich Kaiphas auf die Fahne geschrieben." [140]]

In einer gemeinsamen Erklärung, die zum 60. Jahrestag des Kriegsendes am 8. Mai in allen Kirchen der Bistümer vorgelesen werden soll, erinnern sie an die **Verantwortung der Deutschen [!] für die Verbrechen der Nazi-Zeit** [Anm.: Warum sprechen diese „Bischöfe" aber niemals von der Verantwortung der Juden für die Verbrechen der von ihnen ins Leben gerufenen Bewegungen wie Bolschewismus und Kommunismus, die allein im 20. Jahrhundert bis zu 200 Millionen Menschen - die meisten von ihnen Christen - das Leben kosteten? Weil die Konzilssekte eben vollständig judaisiert wurde und heute in erster Linie als Sprachrohr des Talmudismus dient!]. Die Bischöfe riefen dazu auf, Kontakt mit den jüdischen Gemeinden zu suchen.

Sie appellierten auch an die Schulen, **im Religionsunterricht die 'Erinnerungskultur' zu pflegen.**" [141]

Anstatt sich unter fadenscheinigen Vorwänden unentwegt für das nachchristliche Judentum stark zu machen, sollten „Hirten" wie Thissen und Algermissen an die Worte von Papst Innozenz III. (+1215) erinnert werden: „Wenn irgendein Bischof es unterläßt oder nachlässig dabei ist, seine Diözese von dem Sauerteig der Häresie [Anm.: Dazu zählt vor allem der christlich-jüdische Dialog!] zu säubern, und wenn dies von selbst durch untrügliche Zeichen offensichtlich wird [Anm.: Etwa durch Algermissens Teilnahme an einem Morgengebet in der Synagoge der Jüdischen Gemeinde in Fulda am 22. Dezember 2003!], soll er von seinem Amt als Bischof entfernt

---

[140] http://www.israelshamir.net/shamirImages/Shamir/BerlinGR.htm
[141] hr-text, 27.4.05, S. 121; Herv. v. Verf.

und es soll eine geeignete Person an seine Stelle gesetzt werden, die sowohl danach trachtet als auch in der Lage ist, das Übel der Häresie zu beseitigen." (Viertes Lateran-konzil, Konstitution 3) [142]

Alle „Hirten", die ständig um Anerkennung seitens der Intim-feinde Christi buhlen, wie etwa der Limburger Konzilsbischof Franz Kamphaus, der in der Frankfurter Paulskirche am 12. Januar 2004 ja nicht umsonst den „Ignatz-Bubis-Preis" verlie-hen bekam, seien an die deutliche Warnung unseres Herrn und Erlösers erinnert: **„Wehe euch, wenn euch alle Menschen umschmeicheln; geradeso taten ihre Väter den falschen Propheten"** (Lk 6, 26)!

Was bleibt, ist die elementare Erkenntnis, daß der vor fast 2000 Jahren von unserem Heiland höchstpersönlich ausdrück-lich für die letzten Tage geweissagte Glaubensabfall („Wird freilich der Menschensohn, wenn er kommt, den Glauben fin-den auf Erden?" [Lk 18, 8]) heute *offensichtlich* ist und *von niemandem* mehr geleugnet werden kann. Damit haben wir aber auch die freudige Gewißheit, daß sich die Herrschaft der Bösen mit großen Schritten dem Ende zuneigt: „Es ist ja ge-recht von Gott, daß er euren Bedrängern mit Drangsal, euch aber, den Bedrängten, mit Erquickung vergelte, zusammen mit uns, wenn der Herr Jesus sich offenbaren wird vom Himmel her mit den Engeln seiner Macht, in Feuerflammen, und **Ver-geltung übt an denen, die Gott nicht kennen und sich nicht beugen dem Evangelium unseres Herrn Jesus [Christus]"** (2 Thess 1, 6ff).

Lassen wir abschließend nochmals Martin von Cochem schil-dern, wie diese Vergeltung aussehen wird: „Wenn jemand ge-zwungen würde, den ganzen Tag an einem Tisch zu sitzen, würden ihn die Eßwaren [Speisen], die vor ihm ausgebreitet sind, anwidern. **Würde man gezwungen werden, Tag und Nacht eine ganze Woche lang in dem weichsten und be-quemsten Bett zu schlafen, wie lange würde einem diese Zeit wohl vorkommen?** ... Jetzt schaue hinunter in den Ab-grund der Hölle und Du wirst dort Tausende und Abertausen-de dieser unglücklichen Kreaturen in dem See des Feuers und

---

[142] zit. nach Quote of the Day, 16.6.05, http://www.mostholyfamilymonastery.com/quotations.html; Herv. im Orig.

der Qual vorfinden. **Viele von ihnen haben bereits zwanzig, einhundert, eintausend, ja sogar fünftausend Jahre in diesem schrecklichen Zustand des Leidens verbracht.** Was aber liegt vor ihnen? Nicht fünftausend weitere Jahre, nicht 100 000 weitere Jahre ... **sie müssen ihn für allezeit ertragen.**" [143]

St. Teresa von Avila (+1550), nachdem sie die Hölle gesehen hatte: „Ich glaube, ich würde tausend Leben opfern, um nur eine einzige der vielen Seelen zu retten, die ich verlorengehen sah." [144]

St. Alfons von Liguori: „Welch größeren Frieden kann eine Seele beim abendlichen Zubettgehen empfinden, als in der Lage zu sein, zu sagen: Sollte der Tod mich diese Nacht ereilen, hoffe ich in der Gnade Gottes zu sterben. Welch ein Trost ist es, den Donner rollen zu hören, die Erde beben zu spüren und den Tod mit Ergebung zu erwarten, sollte Gott es so bestimmt haben." [145]

---

[143] Fr. Martin Von Cochem, The Four Last Things, S. 168f; zit. nach Quote of the Day,

[144] Quote of the Day, 15.6.05, http://www.mostholyfamilymonastery.com/quotations.html

[145] Quote of the Day, 7.7.05, http://www.mostholyfamilymonastery.com/quotations.html

Literaturhinweise

BLACKWOOD, PETER: *Das ABC der Insider*, Leonberg 1992

BRÜNING, ERICH & GRAF, HARRY: *Freimaurerei - Wolf im Schafspelz. Die unterschätzte Subkultur*, Berneck 2001

COCHEM, P. MARTIN VON: *Erklärung des heiligen Meßopfers*, Überlingen/Bodensee, o.J.

ROTHKRANZ, JOHANNES: *Katholikenverfolgung durch die Konzilskirche*, Durach o.J.

DANIEL, JOHN: *Scarlet and the Beast. A History of the War between English and French Freemasonry*, 2. Aufl. o.O. 1995

DANIEL, JOHN: *Scarlet and the Beast - Volume II. English Freemasonry, Mother of Modern Cults vis-a-vis Mystery Babylon*, Mother of Harlots, o.O. 1994

GRANDT, GUIDO UND MICHAEL: *Schwarzbuch Satanismus. Innenansicht eines religiösen Wahnsystems*, Augsburg 1995

GREENE, CAROL: *Der Fall Charles Manson. Mörder aus der Retorte*, Wiesbaden-Nordenstadt 1992

JACOBS, MANFRED: *So erobert der Islam Europa*, Durach 1996

KELLER, DR. JOSEPH ANTON: *Die Hölle existiert. Erschütternde Tatsachenberichte*, Durach 1997

KORN, DAVID: *Wer ist wer im Judentum. Lexikon der jüdischen Prominenz. Ihre Herkunft. Ihr Leben. Ihr Einfluß*, München 1996

MALER, JUAN: *Bankrott!*, Bariloche 1993

MOHR, LT. COL. GORDON „JACK": *The Hidden Power Behind Freemasonry*, Oregon 1990

SHAHAK, ISRAEL: *Jüdische Geschichte, Jüdische Religion. Der Einfluß von 3000 Jahren*, Süderbrarup 1998

SPENSER, ROBERT KEITH: *The Cult of the All-Seeing Eye*, o.O. 1964

WENDLING, PETER: *Logen, Clubs und Zirkel. Die diskrete Macht geheimer Bünde*, München 2002

Verwendete Zeitungen und Zeitschriften

Abendzeitung
A Voice Crying in the Wilderness
Der Spiegel
die tageszeitung
Free American Newsmagazine
Fuldaer Zeitung
Glaubensnachrichten
Kurier der Christlichen Mitte
Nation & Europa
Politische Hintergrundinformationen - Auslandsdienst
Politische Hintergrundinformationen - Deutschlanddienst

Im Verlag Anton A. Schmid, Pf 22, 87467 Durach, Credo: Pro Fide Catholica, sind erschienen:

Geschichte des Schreckens

Frank Hills,   Teil 1: 233 Seiten, durchgehend bebildert, 15,30 EUR
Teil 2: 293 Seiten, durchgehend bebildert, 15,30 EUR

In diesem Band wird der Leser die für die geheimen Hintergrundmächte wichtigsten Ereignisse in diesem Jahrhundert kennenlernen. Alle neuen Erkenntnisse wurden beigefügt, um dem Leser verständlich zu machen, wie wichtig diese Ereignisse der Vergangenheit für unsere gegenwärtige Weltordnung gewesen sind. Ohne diese Revolutionen, Kriege und Attentate der Vergangenheit wären wir heute nicht in der Lage, in der wir uns (leider) befinden.

Über diese Themen ist schon sehr viel geschrieben worden; deshalb hat der Autor sich dazu entschlossen, nur die wichtigsten Punkte anzuführen und sein Buch für den Leser so spannend und faktenreich wie möglich zu gestalten. Nur die Aufklärung über alle Zusammenhänge kann den Verschwörern das Handwerk legen, denn die Unwissenheit unserer Bevölkerung ist ihr größter Triumph! Dieses Buch gibt Ihnen die Waffen in die Hand, Ihre Mitmenschen über die wirklichen Zusammenhänge aufzuklären und die Gegenwart besser verstehen zu können!

Satanismus - Die ideologische Grundlage der Neuen Weltordnung

Frank Hills, 319 Seiten, reich bebildert, 20,40 EUR

Welche Geisteshaltung steht hinter den Verschwörern, die unsere Welt in den Abgrund führen? Warum sind all die Abscheulichkeiten in unserer heutigen Welt überhaupt möglich? Welch grausame und menschenverachtende Ideologie muß jemand besitzen, der die Völker der Welt eiskalt und berechnend in Krieg und Chaos stürzt? Welche Geisteshaltung muß Menschen innewohnen, die unsere Mitgeschöpfe quälen, unsere Umwelt zerstören und sich nichts geringeres in den Kopf gesetzt haben, als den Untergang der Schöpfung Gottes anzustreben, um ihre Neue Ordnung auf den Ruinen der alten Ordnung zu errichten?

Auf all diese Fragen finden Sie in diesem zweiten Band die entsprechenden Antworten! Dieses Buch stellt gleichsam ein Lexikon der bösen Mächte, Logen und Orden dar. Es schildert das Wirken der geistigen Führer der Weltverschwörung, die mit Hilfe ihrer finanziellen Organisationen unsere gesamte Welt versklaven wollen. Dieses Buch lüftet den dunklen Schleier, hinter dem sich die Verbindungen hinter all den Geheimgesellschaften und Ideologien versteckt halten. Der Untergang unserer ganzen Gesellschaftsordnung nähert sich, und mit ihm nähert sich auch die Herrschaft der geistigen Elite hinter der Weltverschwörung.

Um die Handlungen und die Ziele der Weltverschwörer zu verstehen, müssen wir uns mit deren Ideologie und geistigen Führern auseinandersetzten. Dieses Buch will Sie darauf vorbereiten, was wir in (sehr) naher Zukunft auf unserer Welt erwarten können. Es liefert in spannender Form die definitiven Antworten und räumt mit vielen Lügen und Halbwahrheiten auf!

Die Erde im Chaos

Frank Hills, 261 Seiten, reich bebildert, 16,80 EUR

Auf den beiden vorhergehenden Büchern baut dieser dritte Band auf und schildert schließlich in allen Einzelheiten unseren heutigen Stand in der Welt. Alle wichtigen aktuellen Themen werden berücksichtigt: Woher kommt die Entmündigung des Bürgers in der Politik und wer entscheidet in den höchsten Gremien wirklich über die Zukunft unseres Landes? Wie weit ist der Überwachungsstaat gereift? Wie viele Hinweise gibt es, daß wir im Jahre 2000 mit der Ankunft des Weltherrschers, also des Antichristen, rechnen können? In diesem Buch wird der Leser erfahren, warum unsere heutige Welt tatsächlich „Eine Welt des Bösen" ist. Es wird in diesem Band außerdem eine umfangreiche Auflistung von politischen Morden geliefert, unter anderem der Mord an der Prinzessin Diana, der ebenfalls auf das Konto der Verschwörer geht. Auch wird der Leser vor den „falschen Propheten" gewarnt, die, mit dem Mantel des Guten bedeckt, scheinbar die Welt retten wollen, sich jedoch als eiskalt kalkulierende „Trojanische Pferde" entpuppen.

Wie die beiden vorausgegangenen Bände bietet dieses Buch die ganze Wahrheit, und keine Vermutungen oder Halbwahrheiten! In diesem Band wird der Leser anhand eindeutiger Fakten erfahren, daß wir uns bereits heute in der vom Satan höchstpersönlich angestrebten Neuen Weltordnung befinden. Der Autor möchte jedoch nicht deprimieren. Er ist bemüht, dem Leser auch die positiven Aspekte des ganzen Geschehens zu präsentieren und praktische Hilfen zu geben, wie er die kommenden Schrecken besser überstehen kann. Es geht um das richtige Erkennen der Zeichen der Zeit und um die entsprechenden Gegenmaßnahmen, die jeder einzelne ergreifen kann!

Die Entschlüsselung der Apokalypse und die Gerechtigkeit Gottes - Über die Identität des Antichristen und die „Neue Messe" als DAS Zeichen der Endzeit

Frank Hills,   Teil 1: 198 Seiten, durchgehend bebildert, 12,80 EUR
Teil 2: 189 Seiten, durchgehend bebildert, 12,80 EUR

Endlich ist es da! Das Buch, auf das die Christenheit so sehnsüchtig gewartet hat. Das Buch, das anhand der Heiligen Schrift in *verständlicher* Form und anhand *konkreter Beispiele* aufzeigt, daß die in der geheimen Offenbarung geschilderten Ereignisse der letzten Tage längst angebrochen sind. Das Buch, das die Bedeutung der Erscheinungen der Muttergottes in Fatima offenlegt. Das Buch, das erstmals die sensationelle mögliche Identität des Antichristen verkündet. Das Buch, das eindeutig belegt, daß die „Neue Messe" der Kirche des Zweiten Vatikanischen Konzils als das Zeichen der Endzeit gewertet werden muß und daß die Ereignisse des 3. April 1969 schon vor Tausenden von Jahren vom Propheten Daniel vorausgesagt worden sind. Das Buch, das die verblüffende Übereinstimmung des Alten mit dem Neuen Testament zum Ausdruck bringt. Und schließlich das Buch, das deutlich macht, daß es zahlreiche Beispiele für die Gerechtigkeit Gottes aufführt, die nicht nur einzelne Menschen, sondern ganze Nationen betrifft.

Alle die in dieser Schrift gelieferten Informationen werden mit Hilfe von über 220 brisanten Fotos untermauert. Kurz und gut - dieses Buch gehört in die Hände eines jeden gläubigen Christen, der in diesen schweren Zeiten bestehen will. Und eines ist bereits jetzt klar: nach der Lektüre dieses Buches werden Sie die Welt mit ganz anderen Augen sehen.

Deutschland im Würgegriff seiner Feinde

Frank Hills, 126 Seiten, 11,20 EUR

Seit einigen Jahren können wir Deutsche uns alle angeblich glücklich schätzen, mit unseren Nachbarvölkern im neu errichteten, gemeinsamen „Haus Europa" zu „wohnen". Was aber hat *unserem Volk* das Wohnen in diesem „Haus Europa" bis heute tatsächlich eingebracht?

Nun, alle wachsamen Menschen konnten in den letzten Jahren mitverfolgen, wie einige unserer Grundrechte (siehe §13 GG) faktisch abgeschafft wurden, wie sich eine regelrechte Kriminalitätsflut ungehindert über unser ganzes Land ausbreiten konnte, wie die Staatsverschuldung und die Arbeitslosenzahl in astronomische Höhen kletterten und ein noch nie dagewesener kultureller Zersetzungskampf beginnen konnte.

In dieser Schrift wird die äußerst wichtige Frage gestellt, wie gerecht sich das von unseren Politikern vielgepriesene „Haus Europa" bis jetzt tatsächlich für uns Deutsche entwickelt hat. Es zeigt sich, wie sehr das deutsche Volk, zugunsten des geeinten Europa von Maastricht, auf allen (!) Ebenen ins Abseits gedrängt und in vielen Bereichen quasi entmündigt wurde. Beispiele sind solche Maßnahmen zur *Verbrechensbekämpfung* wie der „große Lauschangriff", EUROPOL oder neuerdings sogar eine „Gen-Datei". Warum benötigen wir all diese Dinge ausgerechnet *jetzt?* Warum erst im *Vereinten Europa?* Und warum spricht unser Bundespräsident ganz aktuell sogar von einem „neuen Zeitalter der Demokratie"?

Wenn es stimmt, daß „große Ereignisse ihre Schatten vorauswerfen", dann können wir uns in den nächsten Jahren jedenfalls auf einiges gefaßt machen. Diese wichtige und hochbrisante Schrift zeigt auf, daß unser Volk zum Ende dieses Jahrtausends einen Tanz auf dem Vulkan vollführt. Ist Deutschland überhaupt noch zu retten, oder ist sein Schicksal, das Aufgehen in der antichristlichen Einen Welt, bereits besiegelt?

Die Liquidierung Deutschlands

Frank Hills, 233 Seiten, 20,90 EUR

Dieses Buch beschreibt mit aller Deutlichkeit den gegenwärtigen finanziellen, gesundheitlichen moralischen und sittlichen Verfall des deutschen Volkes. In dieser aktuellen Bestandsaufnahme der Bundesrepublik, in der unter anderem die Folgen der EU-Osterweiterung und der angestrebten EU-Mitgliedschaft der Türkei zur Sprache kommen, wird auch der Beweis erbracht, daß bereits vor mehr als 60 Jahren in den USA diabolische Pläne ersonnen wurden, wie den Deutschen endgültig der Garaus bereitet werden könnte. Dabei handelte es sich um den jeweils sogenannten Nizer-, Kaufman-, Morgenthau- und Hooton-Plan, allesamt üble Machwerke, die von Haß auf Deutschland und von unerschütterlichem Rassismus gegenüber allen Deutschen nur so strotzten. Sie verschwanden nicht etwa vor langer Zeit tief in einer Schublade, sondern dienen gegenwärtig als Fahrplan zur systematischen Vernichtung Deutschlands. Lesen Sie in diesem Buch, was wirklich hinter der europäischen Vereinigung und der Errichtung des Brüsseler Superstaates steckt, warum die ehemals souveränen christlichen Nationalstaaten Europas von ihren eigenen (!) Politikern systematisch

entmachtet und aufgelöst werden und welche Folgen das neue Zuwanderungsgesetz haben wird.
Nicht unerwähnt bleiben dabei auch die weitreichenden Auswirkungen der bedingungslosen Kapitulation der Deutschen Wehrmacht am Ende des Zweiten Weltkrieges, aber auch des europäischen Haftbefehls, der klar macht, daß die Deutschen jetzt keine „unveräußerlichen Grundrechte" mehr haben.
Durchschauen Sie die diabolischen Machenschaften geheimer Mächte im Hintergrund des Weltgeschehens, bevor es zu spät ist! Lesen Sie dieses Buch und helfen Sie mit, das Allerschlimmste zu verhindern!

Das Chaos zur Jahrtausendwende
Die größte Finanzkatastrophe in der Geschichte der Menschheit?
Frank Hills, 156 Seiten, 11,60 EUR

Getreu ihrem berüchtigten Motto „Ordnung aus dem Chaos" bereiten die freimaurerischen Hintergrundmächte fürs neue Jahrtausend ein großes Durcheinander vor. Aus diesem scheinbaren, jedoch von ihnen durchaus kontrollierten „Chaos" soll dann die berüchtigte „Neue Weltordnung" hervorgehen.
Nur wer *weiß*, was gespielt wird (oder besser: gespielt werden soll), kann sich dagegen vorsehen. Leiblich wie geistlich! „Augen zu und durch!" oder „Kopf in den Sand!" sind da absolut die verkehrten Ratschläge.
Unser Autor Frank Hills hat umfassend recherchiert und sagt Ihnen, worauf Sie sich für die nahe Zukunft unbedingt einstellen sollten. Noch ist es Zeit! Bestellen Sie sofort - es lohnt sich!

Die USA in der Hand des Großen Bruders
Frank Hills, 168 Seiten, 11,80 EUR

Wie bitte? Die Vereinigten Staaten sollen sich bereits heute in der Hand des *Großen Bruders* befinden? Entstammt diese Behauptung nicht etwa der Phantasie eines übereifrigen *Verschwörungsfanatikers*? Ist es tatsächlich möglich, daß sich die USA in den letzten Jahren zu einem totalitären und faschistischen Polizeistaat entwickelt haben? Wenn das wirklich den Tatsachen entsprechen sollte, so würde sich allerdings die Frage stellen, wer denn an solch einer Entwicklung überhaupt ein Interesse besitzen könnte. Diese, für uns „Europäer" sehr wichtigen Fragen werden in dem brandaktuellen und hochbrisanten Buch **Die USA in der Hand des Großen Bruders** behandelt. Es weist nach, wie sehr das amerikanische Volk gegenwärtig unter dem Diktat einer unheimlichen Macht zu leiden hat, die aus dem Hintergrund heraus agiert.
Sie erfahren im einzelnen etwas über die geheimnisvollen *unmarkierten schwarzen UN-Hubschrauber*, die bereits seit über 20 Jahren in den Vereinigten Staaten gesichtet werden. Außerdem, wie gefährlich es schon heute sein kann, in den USA noch frei und unabhängig leben zu wollen. Weiter, daß es in den Vereinigten Staaten der Gegenwart regelrechte *Konzentrationslager* gibt, die zur Zeit noch leer sind, künftig jedoch mit den Gegnern der sog. Neuen Weltordnung gefüllt werden sollen. Eine wie große Rolle spielt die geheimnisvolle NSA, die National Security Agency, bei diesem Szenario?
Wenn wir Anhaltspunkte dafür erhalten möchten, was uns noch relativ freien „Euro-

päern" demnächst blüht, brauchen wir nur die aktuellen Begebenheiten und politischen Entscheidungen in den USA zu verfolgen. Angesichts der menschenverachtenden Machenschaften der (wahren) Hintermänner unserer Weltpolitik können wir zumindest in einer Beziehung sicher sein: Der *Große Bruder*, vor dem uns der Engländer George Orwell in seinem aufsehenerregenden Roman **1984** vor mittlerweile über 50 Jahren gewarnt hat, sitzt heute längst in den Startlöchern. Demnächst wird er die offene Herrschaft über eine manipulierte, irregeführte und gleichgeschaltete Menschheit übernehmen.

Die Weltordnung des Antichristen

Frank Hills;75 Seiten; 7,20 EUR

Tagtäglich wird die Mehrheit der Bundesbürger mittels der Massenmedien in die Irre geleitet und erfolgreich an der Nase herumgeführt. Schlagworte wie „Rechtsextremist" und „Neonazi" kommen immer m Einsatz, wenn sich im Volk Widerstand gegen die antichristlichen Bestimmungen der Oberen regt. Aus diesen Gründen begreifen leider nur wenige unserer Mitmenschen die immense Bedeutung der, durch den „Fall" der Berliner Mauer und den Golfkrieg eingeleiteten, „Neuen Weltordnung" für jeden einzelnen Bürger unseres Staates. Auch erkennen sie nicht, daß sich die gesamte westliche Staatengemeinschaft schon längst auf einer Spirale ins Verderben befindet. Dabei sind Aspekte wie Schuldenfalle, Korruptionsskandale der Politiker und Massenarbeitslosigkeit nur einige der vielen Anzeichen für den drohenden (planmäßig herbeigeführten) Kollaps.

Aber woran liegt es eigentlich, daß sich kaum jemand aus der „Oberschicht" den gravierenden Verfallserscheinungen entgegenstemmt? Warum genießt lediglich der Mini-Staat Israel das besondere Wohlwollen der sog. „Staatengemeinschaft"? Aus welchen Gründen vereint die gegenwärtige Weltpolitik - vor allem im Hinblick auf den Kosovo- und Tschetschenienkrieg! - lauter Widersprüche in sich? Und wer hat überhaupt ein Interesse daran, daß sich in Deutschland die Ausländerkriminalität immer mehr ausbreitet?

Ein Blick in die Hl. Schrift offenbart uns, in welch bedeutender Zeit wir leben, denn die von führenden Politikern propagierte „Neue Weltordnung" stellt nichts anderes als die vor rund 2000 Jahren prophezeite „Weltordnung des Antichristen" dar. Die vorliegende Schrift beantwortet die oben aufgeführten Fragen, beschreibt in verständlicher Form die wichtigsten Aspekte dieser Welt(un)ordnung, bringt Beispiele für die ungerechte Behandlung der Deutschen in ihrem eigenen Land und liefert Antworten auf häufig hervorgebrachte Fragen bzw. auf Argumente unserer im Unwissen gehaltenen Mitmenschen.

Das Zeitalter der Lügen

Wie der Kommunismus mittels der UNO die Weltherrschaft erlangt hat
Frank Hills, 101 Seiten, 10,20 EUR

Sie suchen das Buch, das der modernen Welt die Lügenmaske vom Gesicht reißt, das die Hintergründe des 11. September 2001 beleuchtet und den photographischen (!) Beweis dafür bringt, daß die Zerstörung des World Trade Centers offensichtlich bereits Monate zuvor angekündigt wurde, das zeigt, wie die Vertreter des Kommunismus insgeheim die Weltherrschaft erlangt haben, das die Wahrheit über die UNO bzw. die Völkermordpolitik der Vereinten Nationen ans Tageslicht bringt und im einzelnen darlegt, wie die meisten Deutschen in den letzten Jahren immer mehr entrechtet und in die Armut getrieben wurden? Dann greifen Sie zu, denn in dieser Schrift erfahren Sie nicht nur all diese Dinge, sondern hören auch noch von Benjamin Freedman, einer der außergewöhnlichsten jüdischen Persönlichkeiten des 20. Jahrhundert, dem das Verdienst zukommt, die Hintergründe des Ersten und Zweiten Weltkriegs aufgedeckt zu haben – vernehmen Sie von ihm selbst, wie Deutschland vor mehr als 60 Jahren in die Falle gelockt wurde. Darüber hinaus erfahren Sie hier von den bolschewistischen Massenmorden an Christen und sehen, wie allen unabhängigen Völkern mittel der „Globalisierung" insgeheim der Krieg erklärt wurde.

Diese Schrift warnt vor dem Aufkommen eines weltweiten Sklavenstaates und richtet sich entschieden gegen die von den bösen Mächten vorangetriebene Neue Weltordnung. Mehr als 90 Photos und der offene Schreibstil des Autors machen das Lesen zu einem wahren Vergnügen.

Das globale Killernetzwerk

Frank Hills, 345 Seiten, 24,90 EUR

Existiert hinter den Kulissen des Weltgeschehens ein Netzwerk brutaler Auftragsmörder? Erfahren Sie, warum Jürgen Möllemann, Prinzessin Diana, der britische Biowaffenexperte David Kelley und die schwedische Außenministerin Anna Lindh Morden zum Opfer fielen. Welchen Hintergrund hatte die schwere Flugzeugkatastrophe am 28. August 1988 auf dem US-Luftwaffenstützpunkt in Ramstein? Über 45 Seiten mit mehr als 140 Fotos greifen unter anderem das Attentat auf US-Präsident John F. Kennedy (November 1963) und den Bombenanschlag auf Oklahoma City (April 1995) auf. Ein brisantes Buch, das in keiner Sammlung fehlen sollte.

Chemische Kondensstreifen („Chemtrails") über Deutschland – Weißer Tod aus der Luft?

Frank Hills, 180 Seiten davon 32 Seiten vierfarbig, 17,90 EUR

Seit Jahren werden über einer Reihe von Ländern mysteriöse Kondensstreifen gesichtet, die in einem riesigen Gittermuster ausgelegt werden. Sie lösen sich nicht nach Minuten auf – was eigentlich der Fall sein müßte - sondern bleiben am Firmament regungslos hängen, um nach etwa 30 bis 60 Minuten eine zähe, wolkenartige Masse zu bilden. Diese schwadenförmigen Nebel-Wolkenbänke bedecken schließlich den ganzen Himmel

Werden hier etwa giftige Chemikalien versprüht und hängt die dramatische Zunahme vieler Krankheiten, vor allem der Allergien, demzufolge mit diesem Phänomen zusammen? Sind die Kondensstreifen Teil eines militärischen Waffensystems zur Wetterbeeinflussung oder dienen sie gar der radikalen Reduzierung der Weltbevölkerung? Diese Schrift geht diesen brisanten Fragen nach und zeigt auf, daß es gerade für die US-Regierung nichts Ungewöhnliches darstellt, gefährliche Versuche am Menschen durchzuführen.

Dieses Buch legt auch die Verbindung zwischen der „Verschmutzung der Luft" und dem im September 1966 von einer geheimen „Sonderstudiengruppe" der US-Regierung herausgegebenen „Bericht von IRON MOUNTAIN" offen, bei dem es sich um nichts geringeres als einen Geheimplan zur Bevölkerungskontrolle handelt.

Der Bericht von IRON MOUNTAIN – Geheimplan zur Bevölkerungskontrolle

Frank Hills, 298 Seiten, durchgehend bebildert, 22,-- EUR

In den USA, im Bundesstaat New York, traf sich im August 1963 zum ersten Mal eine kleine Gruppe von 15 mächtigen Männern in einem Atombunker tief unter der Erke namens IRON MOUNTAIN.
Dieser einmal im Monat zusammenkommende elitäre Kreis arbeitete an einer von der Regierung in Auftrag gegebenen Studie, die klären sollte, welche anderen wichtigen Funktionen, abgesehen von der Wahrung „nationaler Interessen", der Krieg in der modernen Gesellschaft hat und welche Institutionen diese Funktionen übernehmen könnten, falls es keinen Krieg mehr gäbe.
Drei Jahre später legten sie ihren Schlußbericht vor: Ein teuflischer Plan, mit dessen Hilfe man die Massen auch weiterhin manipulieren und unter die Kontrolle einer Eine-Welt-Regierung bekommen könnte.
Lesen Sie, was vor mehr als 40 Jahren beschlossen wurde und heute konsequent in die Tat umgesetzt wird!

Die Existenz Gottes im Lichte der Naturwissenschaft

Frank Hills, 57 Seiten, bebildert, 6,95 EUR

Sensationelle neue naturwissenschaftliche Erkenntnisse belegen: die Hl. Schrift hat recht mit ihrer Lehre von der Schöpfung des Himmels und der Erde; führende Wissenschaftler bestätigen, daß unser Planet gar nicht älter als 10 000 Jahre sein kann!
Lesen Sie, warum sich immer mehr Akademiker von der Evolutionstheorie ab- und der Schöpfungslehre zuwenden, warum eine Höherentwicklung der Lebewesen praktisch ausgeschlossen werden kann und Charles Darwins Lehre deshalb völlig unhaltbar ist. Die Tatsachen, die *gegen* einen spontanen Ursprung des Lebens auf der Erde sprechen, sind überwältigend. Diese Schrift tritt für die Verläßlichkeit des katholischen Glaubens ein und erhellt unter anderem, warum es sich beim Grabtuch von Turin in der Tat um die kostbarste Reliquie des Christentums handelt.

Rassismus und Antisemitismus im Nahen Osten

Frank Hills, 57 Seiten, 7,95 EUR

Ist Israel „das einzige Land im Nahen Osten, in dem sich westlich-europäische Werte widerspiegeln", „ein Staat von höchstem Niveau in Bildung und Ausbildung, Wissenschaft und Kultur", so wie etwa Michel Friedmann, der ehemalige stellvertretende Vorsitzende des Zentralrats der Juden in Deutschland, dies behauptet, oder handelt es sich bei der Heimstätte der Juden nicht doch eher um einen Apartheidstaat, in dem systematisch rassistische Verbrechen mit dem Ziel des Völkermordes an völlig wehrlosen Menschen begangen werden?
Diese Schrift versucht diese entscheidende Frage zu beantworten und zu klären, was das wahre Ziel der Ende April 2004 in Berlin abgehaltenen OSZE-Antisemitismuskonferenz gewesen ist. Der Leser wird erfahren, warum der rechtschaffene Jude Israel Shamir davon spricht, daß er als Deutscher Zweifel hätte, Israel mit atomfähigen U-Booten auszustatten.